Übungsbuch Spanischhexe 3

AF190256

Übungsbuch

Spanischhexe 3

Bibliografische Information der Deutschen Nationalbibliothek.
Die Deutsche Nationalbibliothek verzeichnet diese Publikation in der Deutschen Nationalbibliografie; detailierte bibliografische Daten sind im Internet über http://dnb.d-nb.de abrufbar.

Herstellung und Verlag: BoD - Books on Demand, Norderstedt.

ISBN: 9783744882910

Inhaltsverzeichnis

Presente de Subjuntivo, Formenbildung:
Nr. 1,2,3,4,5,6,7,8,9
Presente de Subjuntivo, Einsatz:
Nr. 27, 59
¿Indicativo o Subjuntivo?
Nr. 16, 17, 18, 19,20, 21, 23, 25, 26, 40
Imperfecto de Subjuntivo, Formenbildung:
Nr. 33,34,35,36,37,38,39, 41
Imperfecto de Subjuntivo, Einsatz:
Nr. 45,46,60
Condicional simple, Formenbildung:
Nr. 42,43,44
Condicional compuesto, Formenbildung:
Nr. 50,51,52,53

Über dieses Buch

Das Übungsbuch Spanischhexe3 kann von **jedem fortgeschrittenen Spanischschüler vollkommen unabhängig** benutzt werden. Anhand des **Lösungsschlüssels** zu den Übungen wird eigenständiges Arbeiten mit Selbstkontrolle möglich.
Die grammatischen Themenbereiche sind jeweils am Anfang der Übung angegeben.

Ebenso einfach ist das Übungsbuch **begleitend zum Lehrbuch Spanischhexe3** einsetzbar. Hier verweisen die Kapitelangaben in Klammern auf das entsprechende Kapitel im Lehrbuch.

Ich bedanke mich bei allen Schülern, die die Übungen erprobt haben, und deren Hinweise mir immer hilfreich sind.
Extra erwähnen möchte ich hier die Hilfe von Elke, die sich als spezielle Begabung im Finden von Druckfehlern erwiesen hat.
Ausserdem danke ich meinem Mann für seine unerschütterliche Unterstützung im gesamten Spanischhexenprojekt.

Ich hoffe, der Benutzer wird gern mit dem Buch arbeiten, denn:
Übung macht den Meister!

1- Presente de Subjuntivo

(etwa Kap. 45)

Konjugieren Sie folgende Verben im Presente de Subjuntivo

llegar   **hablar**

yo _____   _____

tu _____   _____

el _____   _____

nosotros _____   _____

vosotros _____   _____

ellos _____   _____

llevar   **aguantar**

yo _____   _____

tu _____   _____

el _____   _____

nosotros _____   _____

vosotros _____   _____

ellos _____   _____

2- Presente de Subjuntivo

(etwa Kap. 45)

Konjugieren Sie folgende Verben im Presente de Subjuntivo

entender   **resolver**

yo _____   _____

tu _____   _____

el _____   _____

nosotros _____   _____

vosotros _____   _____

ellos _____   _____

aprender   **volver**

yo _____   _____

tu _____   _____

el _____   _____

nosotros _____   _____

vosotros _____   _____

ellos _____   _____

3- Presente de Subjuntivo

(etwa Kap. 45)

Konjugieren Sie folgende Verben im Presente de Subjuntivo

permitir   **incluir**

yo _____   _____

tu _____   _____

el _____   _____

nosotros _____   _____

vosotros _____   _____

ellos _____   _____

insistir   **pedir**

yo _____   _____

tu _____   _____

el _____   _____

nosotros _____   _____

vosotros _____   _____

ellos _____   _____

4- Presente de Subjuntivo

(etwa Kap. 45)

Konjugieren Sie folgende Verben im Presente de Subjuntivo

crecer   **parecer**

yo _____   _____

tu _____   _____

el _____   _____

nosotros _____   _____

vosotros _____   _____

ellos _____   _____

conducir   **producir**

yo _____   _____

tu _____   _____

el _____   _____

nosotros _____   _____

vosotros _____   _____

ellos _____   _____

5- Presente de Subjuntivo

(etwa Kap. 45)

Konjugieren Sie folgende Verben im Presente de Subjuntivo

haber

yo _____

tu _____

el _____

nosotros _____

vosotros _____

ellos _____

hacer

_____

_____

_____

_____

_____

_____

tener

yo _____

tu _____

el _____

nosotros _____

vosotros _____

ellos _____

decir

_____

_____

_____

_____

_____

_____

13

6- Presente de Subjuntivo

(etwa Kap. 45)

Konjugieren Sie folgende Verben im Presente de Subjuntivo

ir   **ser**

yo _____   _____

tu _____   _____

el _____   _____

nosotros _____   _____

vosotros _____   _____

ellos _____   _____

dar   **saber**

yo _____   _____

tu _____   _____

el _____   _____

nosotros _____   _____

vosotros _____   _____

ellos _____   _____

7- Presente de Subjuntivo

(etwa Kap. 45)

Konjugieren Sie folgende Verben im Presente de Subjuntivo

empezar   **seguir**

yo _____   _____

tu _____   _____

el _____   _____

nosotros _____   _____

vosotros _____   _____

ellos _____   _____

coger   **venir**

yo _____   _____

tu _____   _____

el _____   _____

nosotros _____   _____

vosotros _____   _____

ellos _____   _____

8- Presente de Subjuntivo

(etwa Kap. 46)

Die Spanischhexe hat einige Wünsche an ihre Schüler.

Sie sagt:

1. Ich möchte, daß ihr die Vokabeln lernt.
2. Es ist nötig, daß ihr die Übungen macht.
3. Es ist wichtig, daß ihr täglich lernt.
4. Ich wünsche mir, daß ihr Fortschritte macht.
5. Es ist wichtig, daß ihr pünktlich zum Unterricht kommt.
6. Es ist notwendig, daß ihr genug schlaft.
7. Es ist wichtig, daß ihr den Unterricht bezahlt.
8. Ich freue mich, daß ihr vorankommt.(avanzar)
9. Damit ihr vorankommt, müsst ihr arbeiten.

9- Presente de Subjuntivo

(etwa Kap. 45)

Wie heisst die angegebene Form des Indicativo im Presente de Subjuntivo?

Bsp.:   aprendes → aprendas

1. preguntamos _____

2. decimos   _____

3. entiende_____

4. haces_____

5. suponemos_____

6. nos divertimos_____

7. repite_____

8. obtiene_____

9. vas_____

10. vienes_____

11. llegas_____

12. cometimos_____

13. nos gusta_____

14. se dirige_____

15. traen_____

16. pasa_____

17. paga_____

18. estoy_____

19. lees_____

20. rogamos_____

21. decís_____

22. tenemos_____

23. explico_____

24. sigue_____

25. vemos_____

26. interrumpes_____

10- Vokabelübung I :

Geben Sie Synonyme an:

Bsp: caminar (1) → _____

1. quizás (2) → _____

2. jamas (1) → _____

3. hace falta (2) → _____

4. seguir (1) → _____

5. pasar (2) → _____

6. desde (1) → _____

7. al cabo de un
   rato→(2)_____

8. durante (1) → _____

9. hay (1) → _____

10. más tarde (2) →_____

11. empezar (2) → _____

12. enseguida (2) → _____

11- Vokabelübung II :

Geben Sie Synonyme an:

1. tumba (2x) →_____

2. morir (2x) → _____

3. defunción (1x) →_____

4. hallar (3x)→ _____

5. aparcar (1x) →_____

6. poner (2x) → _____

7. rico (4x) → _____

8. aparecer (1x)→ _____

9. pedir (1x) → _____

10. sin embargo (1x) →_____

11. todavía no (1x)→ _____

12. es verdad (1x) → _____

13. tiene razón (1x) → _____

12- Vorsicht Falle!

Übersetzung:

1. Christine hat sich einen neuen Tennisschläger gekauft.

2. Das Raumschiff zum Mond startete um 17 Uhr.

3. Die Kinder spielten mit einem Drachen.

4. Der Komet Halley kam vor vielen Jahren vorbei.

5. Die Wettervoraussetzungen dafür waren gut.

6. Christine hat viel trainiert. Sie verfügt über eine gute Kondition.

7. Sie hat sogar eine bessere Kondition als Antonio.

8. Den elektrischen Widerstand misst man in Ohm.

9. Die Preise sind wettbewerbstauglich.

10. Er ist in seinem Beruf kompetent.

11. Die Transvulcania ist ein sportlicher Wettbewerb.

13- Raíces, Wortstämme und Vorsilben

Wie heisst das Wort in Deutsch?

1. poner
2. suponer
3. exponer
4. disponer
5. oponer
6. volver
7. envolver
8. devolver
9. revolver
10. cargar
11. encargar
12. recargar
13. descargar
14. tener
15. mantener
16. entretener
17. obtener
18. detener
19. abstenerse
20. cerca
21. acercarse
22. lejos
23. alejarse
24. la firma
25. firmar

26. afirmar
27. la firmeza
28. la confianza
29. confiar en
30. desconfiar en
31. la forma
32. formar
33. deformar
34. la formación
35. solver
36. resolver
37. la hora
38. ahora
39. poder
40. apoderarse
41. contar
42. el cuento
43. la cuenta
44. el descuento
45. esperar
46. desesperar
47. aparecer
48. desaparecer

14- Übersetzungsübung:

1. Wir wollen kein Risiko eingehen.
2. Sicherheitshalber gebe ich dir meine Telefonnummer.
3. Das hat damit nichts zu tun.
4. Ich hoffe, ihr vertragt euch gut.
5. Ich möchte eine Frage stellen.
6. Wir wollen eine Runde durch die Stadt drehen.
7. Ich habe es satt, immer die Arbeit von María zu machen.

15- Wie heißt das Adjektiv zu:

Bsp.: el sentimiento → sentimental

1. la isla   → _____

2. el número   → _____

3. el roque   → _____

4. el día   → _____

5. la semana   → _____

6. el año   → _____

7. el verano   → _____

8. el invierno   → _____

9. el viento   → _____

10. la lluvia   → _____

11. el horror → _____

12. el miedo → _____

13. la muerte → _____

14. el bosque → _____

15. la forma → _____

16. la policia → _____

17. el crimen → _____

18. el domingo → _____

19. el infierno → _____

20. la noche → _____

21. la montaña → _____

22. el oriente → _____

23. el occidente → _____

24. el caballo → _____

25. de detrás → _____

26. el toro → _____

27. la norma → _____

28. el huevo → _____

29. la ley → _____

30. la edad media → _____

31. el antepasado → _____

16- ¿Indicativo o Subjuntivo?

(etwa Kap.46)

Setzen Sie die korrekte Verbform ein:

Anuncio de empleo:

Para atender a nuestros clientes en una tienda de moda (buscar nosotros)_____ a una chica que (hablar) _____ alemán y español.

Es necesario que (tener)_____ una apariencia agradable y que (ser)_____ amable.

No hace falta que (tener)_____ experiencia, pero es importante que (ser) _____atenta.

Si (querer) _____ puede empezar lo antes posible.

(ofrecer, nosotros) _____ buenas condiciones de trabajo y un horario flexible.

17- ¿Indicativo o Subjuntivo?

(etwa Kap. 46)

Setzen Sie die korrekte Verbform ein:

En la agencia de viajes:

-Buenos días.

Quisiera ir de vacaciones. Pero no quiero que (ser)_____ un viaje corriente.

Quiero vivir algo que (ser)_____ excitante, pero también necesito un hotel que (ser)_____ cómodo.

Ah, también es importante que (ofrecer)_____ buenas comidas, pueden ser exóticas, pero buenas.

No es necesario que (disponer)_____ de piscina ya que me gustaría hacer muchas excursiones.

Quisiera que el hotel (estar)_____ fuera de la ciudad, en un sitio idílico.

18- ¿Indicativo o Subjuntivo?

(etwa Kap. 46)

Setzen Sie die korrekte Verbform ein:

Búsqueda de pareja por Internet:

Busco a una mujer atractiva que
(tener)_____ entre 30 y 40 años.

Es importante que (ser) _____ rubia y que
no (pesar)_____ más que 60 kilos.

No me importa que (haber)_____
estudiado, ni que (leer)_____ mucho, pero
hace falta que le (gustar)_____ el fútbol,
y que (saber)_____ las reglas.

Deseo que me (acompañar) _____ a
todos los partidos, y que se (dedicar)
_____ todo su tiempo a mí.

Es importante que no se (quejar)_____
cuando nos encontramos con mis amigos.

No es necesario casarse, pero exijo que (ser)
_____ fiel.

Quiero que me (comprender)_____
y que (hacer)_____ todo el trabajo
de la casa.

Puede tener un hijo, pero no quiero (pagar)
_____ por él.

Además debería (tener) _____ carnet
de conducir.

19- ¿Indicativo o Subjuntivo?

(etwa Kap. 46)

Setzen Sie die korrekte Verbform ein:

Búsqueda de pareja por Internet:

Busco a un hombre que (vive) _____
en buena situación económica.

No me importa su edad.

Tampoco me importa su física, pero prefiero
que (tener) _____ una estatura
deportiva.

Estoy dispuesta de hacerle feliz durante todo
el tiempo.

A cambio quisiera que me (pagar)
_____ operaciones cosméticas, y que
me (comprar) _____ joyas y zapatos.

También es importante que (tener, nosotros)
_____ varios coches lujosos y que (vivir,
nosotros) _____ en una casa grande.

Quisiera (tener) _____ muchos hijos, y
quiero (viajar) _____ mucho.

Estoy capaz de (aguantar) _____
conversaciones aburridas sin contradecir y
puedo simular felicidad en cualquier momento.

20- ¿Indicativo o Subjuntivo?

(etwa Kap. 46)

Setzen Sie die korrekte Verbform ein:

El príncipe de Cenicienta busca una novia:

Busco a una chica que (ser) _____ joven
y que (querer) _____ casarse
conmigo.

Tiene que (trabajar) _____ como reina.

Para eso no necesita ninguna formación
especial, pero es importante que (tener)
_____ los pies muy pequeños.

Es necesario que (pasar) _____ el resto
de su vida conmigo.

No hace falta que (tener) _____ padres,
y no quiero (conocer) _____ a
madrastras o hermanas feas.

Para reconocerla es necesario que (acudir)
_____ al baile y que (huir) _____
a medianoche.

Después mis sirvientes la buscarán y la
llevarán al palacio.

21- ¿Indicativo oder Subjuntivo?

(etwa Kap. 47)

1. Während er in Urlaub war, ging er viel aus.
2. Solange du auf Urlaub bist, mach' Sport!
3. Während sie in Madrid lebte, lernte sie Spanisch.
4. Solange sie lebt, wird sie keine Geldprobleme haben.
5. Obwohl es uns gefällt, reisen wir wenig.
6. Selbst wenn es uns gefallen sollte, werden wir wenig reisen.
7. Wir gehen hinaus, obwohl es regnet.
8. Wir werden hinausgehen, selbst wenn es regnet.
9. Wir gingen hinaus, während es regnete.
10. Solange du nicht lernst, wirst du nicht bestehen.

22- todo, todos, nadie, ninguno, alguien, nada

Übersetzung:

1. Keiner weiß etwas.
2. Alles ist sehr teuer.
3. Das ist für alle.
4. Jeden Tag ging ich ins Kino.
5. Ich habe den ganzen Tag lang nichts gemacht.
6. Weiß irgend jemand Bescheid?
7. Ich habe das ganze Geld verloren.
8. Warst du schon einmal in Neuseeland?
9. Ich weiß alles.
10. Keines von diesen Büchern hat mir gefallen.
11. Alle waren sehr zufrieden.
12. Hast du irgendeine interessante DVD ?
13. Nein, ich habe keine.
14. Es passiert nichts, wenn du später kommst.
15. Überall wächst Unkraut.
16. Hier gibt es nichts Interessantes.
17. Alle gingen nach Hause.
18. Hast du gehört, ob jemand gekommen ist?
19. Nein, es ist niemand gekommen.
20. Es ist besser für alle.
21. Alle meine Probleme sind gelöst.

23- Welcher dieser Ausdrücke erfordert ein Subjuntivo?

(etwa Kap. 46)

1. Me importa que...   _____

2. Espera que...   _____

3. Es obvio que...   _____

4. No diga que...   _____

5. Es lógico que...   _____

6. Es comprensible que...   _____

7. Es indiscutible que...   _____

8. No puedo negar que...   _____

9. No temáis que...   _____

10. No duden que...   _____

24- Verwendung von „deber"

Übersetzung

1. Du schuldest mir einen Gefallen.
2. Was schulde ich Ihnen?
3. Ich muss die Hausaufgaben machen.
4. Du solltest aufmerksamer sein.
5. Wenn man es so macht, wie es sein soll, funktioniert es gut.
6. Er muss etwa 30 sein.
7. Ich sollte ihm keine falschen Hoffnungen machen.
8. Niemand sollte ihn dort sehen.
9. Ich muss sagen, dass La Palma sehr schön ist.
10. Das Telefon klingelt um diese Zeit? Das muss Antonio sein.
11. Das muss am Wetter liegen.

25-¿Presente de Subjuntivo o Indicativo?

(etwa Kap. 47)

1. Creo que (llover)_____ pronto.

2. No creo que (llover)_____.

3. Creo que Christine pronto (volver)_____a Alemania.

4. No creo que (volver)_____.

5. Creo que el restaurante (abrir)_____ los lunes.

6. No creo que (abrir)_____ los lunes.

7. Creo que (poner)_____ una película muy buena en el cine.

8. No creo que (ser)_____ buena.

9. Creo que esta noche Antonio nos (contar)_____ algo interesante.

10. No creo que nos (contar)_____ nada interesante.

26-¿Presente de Subjuntivo o de Indicativo?

(etwa Kap 47)

1. ¿Cuándo (venir, vosotros) _____ a La Palma?

2. Te llamaremos cuando (venir, nosotros) _____ a La Palma.

3. No sé cuándo (tener, yo) _____ tiempo para terminar el trabajo.

4. Os informo cuando (haber) _____ terminado el trabajo.

5. ¿Cuándo (tener, tu) _____ vacaciones?

6. ¿Cuándo te (subir, ellos) _____ el sueldo?

7. Voy de vacaciones cuando me (subir, ellos) _____ el sueldo.

8. Cuando (saber, yo) _____ algo nuevo te lo digo.

9. Cuando (haber) _____ llegado los huéspedes querrán comer.

10. Podemos ir cuando (querer, tu) _____.

11. ¿Cuándo (querer, tu) _____ ir?

27- Buenos deseos
Formulieren Sie gute Wünsche wie im Beispiel:
(etwa Kap. 46)

Bsp.: mejorarse → ¡Que te mejores!

1. salir bien las cosas

2. ser exitoso

3. solucionar los problemas

4. todo ir bien

5. se hacen realidad los sueños

6. tener suerte

7. tener buen viaje

8. encontrar buena pareja

9. tomar la mejor decisión

28- Dativ und Akkusativpronomen

(etwa Kap.48)

1. Ich habe es dir gesagt.
2. Ich habe es euch gesagt.
3. Ich habe es ihr gesagt.
4. Ich habe es ihm gesagt.
5. Ich habe es ihnen gesagt.
6. Sie haben es uns gesagt.
7. Sie haben es mir gesagt.
8. Sie haben es euch gesagt.
9. Er hat es mir gesagt.
10. Sie hat es mir gesagt.
11. Er hat es dir gesagt.
12. Sie hat es dir gesagt.
13. Er hat es ihr gesagt.
14. Sie hat es ihr gesagt.
15. Er hat es ihm gesagt.
16. Sie hat es ihm gesagt.
17. Wir haben es dir gesagt.
18. Wir haben es ihnen gesagt.
19. Wir haben es ihm gesagt.
20. Wir haben es ihr gesagt.

21. Wir werden es dir sagen.
22. Wir werden es Ihm sagen.
23. Wir werden es ihr sagen.
24. Er wird es uns sagen.
25. Er wird es euch sagen.
26. Er wird es mir sagen.
27. Ich werde es ihm sagen.
28. Ich werde es ihr sagen.
29. Sie werden es ihr sagen.
30. Sie werden es ihnen sagen.
31. Sie wird es ihm sagen.
32. Er wird es ihr sagen.
33. Du wirst es ihm sagen.
34. Du wirst es uns sagen.
35. Sie wird es euch sagen.

29- Wie heisst das auf Spanisch?

(etwa Kap. 48)

1. Sagen Sie es mir!
2. Kaufen Sie es sich!
3. Halt aus!
4. Nimm!
5. Schreibt es!
6. Kommt!
7. Steig ins Auto!
8. Bezahle ihn!
9. Erzählen Sie es mir!
10. Gib es mir!
11. Ruft ihn an!
12. Mach es!
13. Renne!
14. Antwortet ihm!
15. Kassiere es!
16. Gehen Sie viel zu Fuss!
17. Sag mir die Wahrheit!
18. Fahr aufs Land!
19. Nimm dir Tomate!
20. Haben Sie Geduld!
21. Gib dich damit zufrieden!

30- Wie heisst der negative Imperativ?

(etwa Kap. 48)

Bsp: ¡Ponte! → ¡No te pongas!

1. ¡Dígamelo!
2. ¡Cómpreselo!
3. ¡Aguanta!
4. ¡Ten!
5. ¡Escribídlo!
6. ¡Venid!
7. ¡Sube al coche!
8. ¡Págale!
9. ¡Cuéntemelo!
10. ¡Dámelo!
11. ¡Llamádle!
12. ¡Hazlo!
13. ¡Corre!
14. ¡Respóndedle!
15. ¡Cóbralo!
16. ¡Camine mucho!
17. ¡Díme la verdad!
18. ¡Ve al campo!
19. ¡Tómate tomate!
20. ¡Tenga paciencia!
21. ¡Confórmate con esto!

31- Wie sagt man auf Spanisch?

(etwa Kap.48)

1. Sag es ihm!
2. Bringe es mir!
3. Bezahlen Sie es ihm!
4. Bezahlen Sie sie ihr!
5. Schreib es dir auf!
6. Schreiben Sie es mir auf!
7. Beantworten Sie es ihm!
8. Nehmen Sie es sich!
9. Geben Sie es mir!
10. Kauf es dir!
11. Suchen Sie es sich!
12. Fragen Sie es mich!

32- Negative Imperative
(etwa Kap. 48)

Nehmen Sie nun die Befehle der letzten
Übung uns setzen Sie sie in die spanische
Negativform

Bsp: 1. Sag es ihm nicht!

33-Imperfecto de Subjuntivo

(etwa Kap. 53)

Geben Sie jeweils die 3. Person Plural des Indefinido und die 1. Person Singular des Imperfecto de Subjuntivo (beide Formen!) an.

Bsp.: traer→ trajeron / trajera / trajese

1. estar→_____

2. hablar→_____

3. encontrarse→_____

4. subir→_____

5. decir→_____

6. poner→_____

7. tener→_____

8. preferir→_____

9. levantarse→_____

10. entender→_____

11. dormir→_____

12. exponer→_____

13. entregar→_____

14. invertir→_____

15. leer→_____

16. ir→_____

17. haber→_____

18. padecer→_____

19. pedir→_____

20. hacer→_____

21. sustituir→_____

22. poder→_____

23. parar→_____

24. ser→_____

25. saber→_____

26. venir→_____

34 Imperfecto de Subjuntivo

(etwa Kap. 53)

Konjugieren Sie folgende Verben im Imperfecto de Subjuntivo. Geben Sie beide Formen an!

empezar

yo _____ _____

tu _____ _____

el _____ _____

nosotros _____ _____

vosotros _____ _____

ellos _____ _____

venir

yo _____ _____

tu _____ _____

el _____ _____

nosotros _____ _____

vosotros _____ _____

ellos _____ _____

35- Imperfecto de Subjuntivo

(etwa Kap. 53)
Konjugieren Sie folgende Verben im
Imperfecto de Subjuntivo. Geben Sie beide
Formen an!

ser

yo _____   _____

tu _____   _____

el _____   _____

nosotros _____   _____

vosotros _____   _____

ellos _____   _____

ir

yo _____   _____

tu _____   _____

el _____   _____

nosotros _____   _____

vosotros _____   _____

ellos _____   _____

36- Imperfecto de Subjuntivo

(etwa Kap. 53)
Konjugieren Sie folgende Verben im Imperfecto de Subjuntivo. Geben Sie beide Formen an!

tener

yo _____   _____

tu _____   _____

el _____   _____

nosotros _____   _____

vosotros _____   _____

ellos _____   _____

estar

yo _____   _____

tu _____   _____

el _____   _____

nosotros _____   _____

vosotros _____   _____

ellos _____   _____

37- Imperfecto de Subjuntivo

(etwa Kap. 53)
Konjugieren Sie folgende Verben im
Imperfecto de Subjuntivo. Geben Sie beide
Formen an!

saber

yo _____   _____

tu _____   _____

el _____   _____

nosotros _____   _____

vosotros _____   _____

ellos _____   _____

caber

yo _____   _____

tu _____   _____

el _____   _____

nosotros _____   _____

vosotros _____   _____

ellos _____   _____

38- Imperfecto de Subjuntivo

(etwa Kap. 53)
Konjugieren Sie folgende Verben im
Imperfecto de Subjuntivo. Geben Sie beide
Formen an!

poner

yo _____ _____

tu _____ _____

el _____ _____

nosotros _____ _____

vosotros _____ _____

ellos _____ _____

poder

yo _____ _____

tu _____ _____

el _____ _____

nosotros _____ _____

vosotros _____ _____

ellos _____ _____

39-Imperfecto de Subjuntivo

(etwa Kap. 53)

Wie heisst die angegebene Form des Indicativo im Imperfecto de Subjuntivo?

Geben Sie beide Formen an!

Bsp.: aprendes → aprendieras/aprendieses

1. preguntamos _____

2. decimos _____

3. entiende_____

4. haces_____

5. suponemos_____

6. nos divertimos_____

7. repite_____

8. obtiene_____

9. vas_____

10. vienes_____

11. llegas_____

12. cometimos_____

13. doy_____

14. nos gusta_____

15. se dirige_____

16. traen_____

17. pasa_____

18. paga_____

19. estoy_____

20. lees_____

21. rogamos_____

22. decís_____

23. tenemos_____

24. explico_____

25. sigue_____

26. vemos_____

27. interrumpes_____

40- ¿Indicativo o Subjuntivo?

(etwa Kap. 53)

Übersetzung

1. Ich lese ein Buch, das interessant ist.
2. Ich suche ein Buch, das interessant ist.
3. Sie macht was ihr gefällt.
4. Sie wird machen, was immer ihr gefällt.
5. Ich habe eine Frau gesehen, die viel spricht.
6. Ich habe noch nie eine Frau gesehen, die so viel redet.
7. Jeder Satz, den er sagt, ist doppelsinnig.
8. Es gibt keinen Satz, der nicht doppelsinnig ist.
9. Er sagte mir, was er wollte.
10. Sagen Sie mir, was sie wollen, ich werde es nicht glauben!
11. Hier ist jemand, der dich sehen möchte.
12. Hier gibt es niemanden, der dich sehen möchte.
13. Hier in der Nähe kenne ich eine Bar, die gut ist.
14. Hier in der Nähe kenne ich keine Bar, die gut ist.

41- Imperfecto de Subjuntivo / Futuro

(etwa Kap.53)

Geben Sie jeweils die 3. Pers. Sg. an:

Bsp.: indicar→ indicara / indicará

1. pronunciar→_____

2. concluir→_____

3. caminar→_____

4. vender→_____

5. venir→_____

6. hablar→_____

7. insertar→_____

8. abrir→_____

9. cumplir→_____

10. fundar→_____

11. ir→_____

12. mantener→_____

13. guiar→_____

42- Condicional simple

(etwa Kap 53)
Konjugieren Sie folgende Verben im
Condicional simple

ganar   **publicar**

yo _____   _____

tu _____   _____

el _____   _____

nosotros _____   _____

vosotros _____   _____

ellos _____   _____

envolver   **inscribirse**

yo _____   _____

tu _____   _____

el _____   _____

nosotros _____   _____

vosotros _____   _____

ellos _____   _____

43- Condicional simple

(etwa Kap 53)
Konjugieren Sie folgende Verben im
Condicional simple

decir   **hacer**

yo _____   _____

tu _____   _____

el _____   _____

nosotros _____   _____

vosotros _____   _____

ellos _____   _____

salir   **poner**

yo _____   _____

tu _____   _____

el _____   _____

nosotros _____   _____

vosotros _____   _____

ellos _____   _____

44-Futuro/ Condicional simple
(etwa Kap53)

Wie heisst die angegebene Präsensform im Futuro / Condicional simple?

Bsp.: aprendo
➔ aprenderé / aprendería

1. compras _____

2. sabemos_____

3. ves_____

4. valgo_____

5. se despiertan_____

6. hay_____

7. vendeís_____

8. venís_____

9. pienso_____

10. quiero_____

11. suponemos_____

12. hacen_____

13. abro_____

14. me abstengo_____

15. cabe_____

16. puedes_____

17. decimos_____

18. nos decidimos_____

19. saben_____

20. oímos_____

45- Wenn es so wäre...

(etwa Kap. 53)

Übersetzung:

1. Wenn ich es wüsste, würde ich es dir sagen.

2. Wenn ich es wüsste, würde ich dich nicht fragen.

3. Wenn ich es hätte, würde ich es dir geben.

4. Wenn ich du wäre, würde ich es ihm sagen.

5. Wenn ich du wäre, wüsste ich, was ich mache.

6. Wenn ich du wäre, würde ich es nicht machen.

7. Wenn ich es ihr sagen würde, wäre sie beleidigt.

8. Wenn ich es könnte, würde ich es machen.

9. Wenn Christine nicht so sensibel wäre, würde ich ihr die Wahrheit sagen.

10. Wenn ich die Spanischhexe wäre, würde ich noch mehr Bücher schreiben.

11. Wenn ich nicht so faul wäre, würde ich mehr lernen.

12. Wenn das Wetter schön wäre, würden wir an den Strand gehen.

13. Wenn ich nicht arbeiten müsste, würde ich in Urlaub fahren.

14. Wenn Antonio Geld hätte, würde er sich ein neues Auto kaufen.

15. Wenn Christine nicht so verliebt wäre, würde sie nach Deutschland zurückkehren.

16. Wenn wir zuhause wären, könnten wir fernsehen.

17. Wenn ich in der Lotterie gewinnen würde, würde ich nie wieder arbeiten.

46- Könnte, würde, hätte...

(etwa Kap. 53)

Übersetzung:

1. Wir würden ins Kino gehen, wenn wir wüssten, was für einen Film sie bringen.

2. Ich würde mehr lernen, wenn ich mehr Motivation hätte.

3. Christine würde öfter ins Fitnessstudio gehen, wenn sie mehr Zeit hätte.

4. Ich würde es versuchen, wenn ich an deiner Stelle wäre.

5. Ich würde mit ihm reden, wenn ich könnte.

6. Ich würde ausgehen, wenn ich keine Kopfschmerzen hätte.

7. Ich würde mir ein neues Kleid kaufen, wenn ich etwas hübsches finden würde.

8. Christine würde öfter mit dem Schiff fahren, wenn sie nicht seekrank werden würde.

47- Pluscuamperfecto de Subjuntivo

(etwa Kap. 54)
Konjugieren Sie folgende Verben im
Pluscuamperfecto de Subjuntivo

hablar

yo _____

tu _____

el _____

nosotros _____

vosotros _____

ellos _____

tener

yo _____

tu _____

el _____

nosotros _____

vosotros _____

ellos _____

decir

yo _____

tu _____

el _____

nosotros _____

vosotros _____

ellos _____

aparecer

yo _____

tu _____

el _____

nosotros _____

vosotros _____

ellos _____

48- Pluscuamperfecto de Subjuntivo

(etwa Kap. 54)
Konjugieren Sie folgende Verben im
Pluscuamperfecto de Subjuntivo.

ganar

yo _____

tu _____

el _____

nosotros _____

vosotros _____

ellos _____

poner

yo _____

tu _____

el _____

nosotros _____

vosotros _____

ellos _____

49- Pluscuamperfecto de Subjuntivo

(etwa Kap. 54)

Konjugieren Sie folgende Verben im Pluscuamperfecto de Subjuntivo.

levantarse

yo _____

tu _____

el _____

nosotros _____

vosotros _____

ellos_____

encontrar

yo _____

tu _____

el _____

nosotros _____

vosotros _____

ellos _____

50- Condicional compuesto

(etwa Kap. 54)
Konjugieren Sie folgende Verben im
Condicional Compuesto

convencer

yo _____

tu _____

el _____

nosotros _____

vosotros _____

ellos _____

pronunciar

yo _____

tu _____

el _____

nosotros _____

vosotros _____

ellos _____

hacer

yo _____

tu _____

el _____

nosotros _____

vosotros _____

ellos _____

poner

yo _____

tu _____

el _____

nosotros _____

vosotros _____

ellos _____

51- Condicional compuesto

(etwa Kap. 54)
Konjugieren Sie folgende Verben im
Condicional compuesto

entender

yo _____

tu _____

el _____

nosotros _____

vosotros _____

ellos _____

decir

yo _____

tu _____

el _____

nosotros _____

vosotros _____

ellos _____

52- Condicional compuesto
(etwa Kap. 54)
Konjugieren Sie folgende Verben im
Condicional compuesto

esforzarse

yo _____

tu _____

el _____

nosotros _____

vosotros _____

ellos _____

huir

yo _____

tu _____

el _____

nosotros _____

vosotros _____

ellos _____

53- Condicional simple/ Condicional compuesto

(etwa Kap. 54)

Wie heisst die angegebene Präsensform im Condicional simple und im Condicional compuesto?

Bsp.:   cuido
➜ cuidaría / habría cuidado

1. sigues_____

2. propongo_____

3. verificas_____

4. conduzco_____

5. dicen_____

6. detenemos_____

7. envidian_____

8. cabe_____

9. me levanto_____

10. vales_____

11. me despido_____

12. obtienes_____

13. sale_____

14. huye_____

15. produzco_____

16. hay_____

17. entienden_____

18. vendes_____

19. vengo_____

20. habláis_____

21. hacéis_____

22. quieres_____

23. nos afeitamos_____

24. me gusta_____

54- Wenn es so gewesen wäre...

(etwa Kap. 53)

Nehmen Sie nun die Sätze aus der Übung 45 und stellen Sie sich vor, dass das alles nicht mehr zu ändern ist.

Bsp.:

Wenn ich es wüsste, würde ich es dir sagen.

→ Wenn ich es gewusst hätte, hätte ich es dir gesagt.

Nun übersetzen Sie diese Sätze in Spanisch!

55- Könnte, würde, hätte...

(etwa Kap. 53)

Nehmen Sie nun die Sätze aus der Übung 46 und stellen Sie sich vor, dass das alles nicht mehr zu ändern ist.

Bsp.:

Wir würden ins Kino gehen, wenn wir wüssten, was für einen Film sie bringen.

→Wir wären ins Kino gegangen, wenn wir gewusst hätten, was für einen Film sie brachten.

Nun übersetzen Sie diese Sätze in Spanisch!

56- Estilo indirecto

(etwa Kap 55)

Christine ist zu Besuch in Deutschland. Gestern hat sie mit Antonio telefoniert.

Ihre Mutter fragt am nächsten Tag, was Antonio erzählt hat.

Hier sind seine Worte im Original:

Todo el día he tenido mucho trabajo, pero ahora estoy en casa y por fin tengo tiempo para charlar contigo.
Anteayer llegué a casa y nuestro gato Viernes no estaba. Lo buscaba por todos los sitios pero no lo encontré.
Finalmente Viernes apareció con un lagarto enorme que había cazado.
El lunes es día de fiesta. Por eso voy a ir con los chicos al mar. Julio tiene una cueva en el puerto de Puntagorda. Queremos pescar y quedarnos una noche en la cueva de Julio.
Te llamaré después para contarte cómo era.

57-Estilo indirecto

(etwa Kap 55)

Antonio ist krank und bittet daher Christine, einige Dinge zu tun:

Por favor, llama a Julio y dígale que no voy a venir al trabajo.

Ve a la farmacia para comprar Aspirina.

No digas nada a mi madre.

¿Puedes regar las plantas?

No olvides darle comida al gato.

Llévame el mando a distancias.

Christine erledigt alles. Am Abend trifft sie ihre Freundin Monika und erzählt:

Todo el día he estado ocupada. Antonio está enfermo y me pidió que….

58- Befehlsformen Wiederholung

(etwa ab Kap.53)

Übersetzung:
Antonio braucht Hilfe bei der Hausrenovierung.
Er sagt zu Christine:

1. Bring mir bitte die Säge.
2. Such mir bitte den Hammer.
3. Mach das Regal leer.
4. Hilf mir, das Regal zu bewegen.
5. Koch mir bitte einen Café.
6. Mach das Radio an.
7. Fahr in die Eisenwarenhandlung und kaufe ein paar Schrauben.
8. Ruf José an und frage ihn, ob er kommen kann.
9. Gib mir die Bohrmaschine.
10. Sag mir, wie wir das Problem lösen...

59-Presente de Subjuntivo

(etwa ab Kap. 53)

Formulieren Sie die Befehlsformen aus der vorangegangenen Übung um und erzählen Sie nun, was Antonio von Christine möchte:

1. Antonio quiere que Christine....
2. Antonio ruega que Christine....
3. Pide a Christine que...

60- Indirekte Rede / Imperfecto de Subjuntivo

(etwa ab Kap 53)

Ein paar Tage später erzählt Christine Monika von der Renovierung:

1. Antonio quería que...
2. Me rogó que...
3. Me pidió que...

61- Gemischtes für Spezialisten:

(etwa Kap. 55)

Übersetzung:

1. Sie bittet mich, ihr das Buch zu leihen.
2. Sie bittet mich, daβ ich ihr das Buch leihe.
3. Ich gab es ihr, damit sie es lesen konnte.
4. Ich sagte ihr, dass sie es pünktlich zurückgeben sollte.
5. Sie versprach mir, es pünktlich zurückzugeben.
6. Sie sagte, dass sie es pünktlich zurückgeben würde.
7. Ich glaube nicht, dass sie es pünktlich zurückgibt.
8. Es tut ihr leid, dass sie es nicht pünktlich zurückgegeben hat.
9. Ich glaubte nicht, dass sie es pünktlich zurückgeben würde.
10. Ich freute mich sehr darüber, dass sie es schliesslich zurückgab.
11. Es freut mich, dass du es so siehst.
12. Es tat mir leid, dass sie es nicht so sah.

62- Formulieren Sie um wie im Beispiel:
(etwa Kap 55)

Bsp: Me has llevado flores y te lo agradezco.
→Te agradezco que me hayas llevado flores.

1. Últimamente hemos tenido muchas discusiones y lo siento.
→ Siento que…

2. Querían hacer una fiesta y sus padres no lo permitieron.
→ Sus padres no permitieron que…

3. No me apoyáis.
→ Me molesta que…

4. Han decidido casarse y yo me alegro.
→ Me alegro que…

5. Siempre le criticaban y a él no le gustaba.
→ No le gustaba que…

6. Al fin lo conseguimos y me puse muy contenta.
→ Me puse muy contenta de que…

7. Terminaré mi trabajo y después te acompañaré.
➔ Después de que…

8. Estás bien y me alegro.
➔ Me alegro que…

9. No ha llegado todavía y me parece raro.
➔ Me parece raro que…

10. Se mudaron a La Palma y no me extraño.
➔ No me extraño de que…

11. Christine siempre deja la puerta abierta y me molesta.
➔ Me molesta de que…

12. Antonio es muy puntual y eso me parece agradable.
➔ Es agradable que…

13. Siempre hacéis los deberes y eso es importante.
➔ Es importante que…

63- Setzen Sie die richtige Verbform ein:
(etwa Kap 55)

1. No sé si (llover) _____ mañana.

2. Era sorprendente que Christine ya (dominar) _____ perfectamente el subjuntivo.

3. El coche de Antonio estaba tan sucio que parecía que nunca lo (haber) _____ limpiado.

4. Que yo (saber) _____ solo lo ha hecho una vez.

5. ¡Qué agradable sería si todos los alumnos (estudiar)_____ tanto como tú!

6. Le avisé para que no (venir)_____.

7. Es posible que (volver, el)_____ mañana.

8. Tu madre ignora que (estar, tu)_____ aquí.

9. Si algo (interesar) _____ ahora, es que estudies el subjuntivo.

10. ¿No te das cuenta de que (estar) _____ completamente confundido?

11. No creo que (estar, tu) _____ completamente confundido.

12. Condujo como si (ser) _____ un coche de carrera.

13. Le multaron porque (conducir) _____ como un loco.

14. No suponíamos que (haber) _____ un aparcamiento en el centro de la ciudad.

15. Me miraron como si (ser) _____ tonta.

16. ¿Crees que (ser, yo) _____ tonta?

64- Vollenden Sie jeden Satz mit der korrekten Form von "pagar"

(etwa Kap 46)

Bsp: Quiero que pagues la cuenta.

1. Veo que _____ la cuenta.

2. Espero que _____ la cuenta.

3. Sé que _____ la cuenta.

4. Me gusta que _____ la cuenta.

5. Me interesa que _____ la cuenta.

6. Supongo que _____ la cuenta.

7. Necesito que _____ la cuenta.

8. Es lógico que _____ la cuenta.

9. Creo que _____ la cuenta.

10. Deseo que _____ la cuenta.

11. Me alegro de que _____ la cuenta.

65- Wiederholen Sie die folgenden Sätze wie im Beispiel, und passen Sie dabei die Verbform korrekt an.

(etwa Kap.55)

Bsp.: Digo que escribas.
➜ Diré que escribas.
➜ Dije que escribieras/escribieses.

1. Necesitas que te ayuden.

2. Insiste en que nos quedemos.

3. Te dejo que hagas lo que quieras.

4. Mando que se quede en casa.

5. Me pide que le apoye.

6. Te prohíbo que hables así.

7. Nos recomienda que comamos sano.

8. Espero que estudies.

66- Geben Sie die folgenden Sätze in der indirekten Rede wieder, so, wie im Beispiel angegeben)

(etwa Kap 55)

Bsp.: Me dijeron: ¡trabaja!
  ➔ Me dijeron que trabajara.

1. Le has dicho: ¡venga!
➔ Le has dicho que _____

2. Me dijo: ¡trabaja!
➔ Me dijo _____

3. Te dirán: ¡come menos!
➔ _____

4. El policía nos ordenó: ¡sigan!
➔ _____

5. Christine escribió: ¡visítame!
➔ _____

6. Os pedirán: ¡pagad la cuenta!
➔ _____

67- Setzen Sie die korrekte Verbform ein:
(etwa Kap. 54)

1. Tiene un coche que (ser) _____ rápido.

2. Busca un coche que (ser) _____ rápido.

3. Conozco una chica que
   (hablar)_____ alemán.

4. Necesitamos una chica que (hablar)
   _____alemán.

5. He estado en un restaurante donde
   (servir) _____ buena comida.

6. ¿Conoces algún restaurante donde
   (servir) _____ buena comida?

7. Habían comprado una cafetera que
   (funcionar) _____ bien.

8. Querían comprar una cafetera que
   (funcionar) _____bien.

9. Conozco a alguien que (poder)
_____ trabajar para ti.

10. ¿Conoces a alguien que (poder)
_____ trabajar para mí?

11. ¿Tienes un libro que (tratar) _____
de perros?

12. No tengo ningún libro que (tratar)
_____ de perros.

13. Conozco una casa que te (poder)
_____ interesar.

14. No tengo ninguna casa que te (poder)
_____ interesar.

15. (saber, nosotros) _____ que
pasó.

16. No hay nadie que (saber) _____
que pasó.

68- Befehlsformen in der indirekten Rede:

(etwa Kap.55)

Geben Sie die Imperative ,die Antonio benutzt, an Christine in der geduzten Form weiter!

Bsp: ¡Ponte! → Quiere que te pongas…

1. ¡Dígamelo!
2. ¡Cómpreselo!
3. ¡Aguanta!
4. ¡Ten!
5. ¡Escríbelo!
6. ¡Venid!
7. ¡Sube al coche!
8. ¡Págale!
9. ¡Cuéntamelo!
10. ¡Dámelo!
11. ¡Llámale!
12. ¡Hazlo!
13. ¡Corre!
14. ¡Respondele!
15. ¡Cóbralo!
16. ¡Camina mucho!
17. ¡Dime la verdad!
18. ¡Ve al campo!
19. ¡Tómate tomate!
20. ¡Ten paciencia!
21. ¡Confórmate con esto!

69- Befehle in indirekter Rede, Vergangenheit

(etwa Kap. 55)

Setzen Sie jetzt die indirekte Rede aus der Übung 68 in die Vergangenheit:

Bsp.:

¡ponte!→Quería que te pusieras/ pusieses

1. ¡Dígamelo!
2. ¡Cómpreselo!
3. ¡Aguanta!
4. ¡Ten!
5. ¡Escríbelo!
6. ¡Ven!
7. ¡Sube al coche!
8. ¡Págale!
9. ¡Cuéntamelo!
10. ¡Dámelo!
11. ¡Llámale!
12. ¡Hazlo!
13. ¡Corre!
14. ¡Respondele!
15. ¡Cóbralo!
16. ¡Camina mucho!
17. ¡Díme la verdad!
18. ¡Ve al campo!
19. ¡Tómate tomate!
20. ¡Ten paciencia!
21. ¡Confórmate con esto!

70- Gemischtes für Spezialisten:

Übersetzung

1. Am Samstag rief ich meine Freundin an um sie zu fragen, wie es ihr geht.
2. Sie sagte, dass sie die Grippe gehabt hätte, aber dass sie sich erholt habe.
3. Sie bekräftigte ausserdem, dass sie im September nach La Palma kommen wolle.
4. Wenn ich gewusst hätte, dass sie die Grippe hatte, hätte ich ihr eine Karte geschickt.
5. Aber da ich nichts wusste, konnte ich nichts tun.
6. Nach dem Anruf ging ich ein Kleid kaufen. Aber keines der Kleider, die ich probierte, gefiel mir.
7. So kaufte ich gar nichts.
8. Bald ist die Bajada der Jungfrau von Las Nieves.
9. Ich fragte, wo man Eintrittskarten für den Tanz der Zwerge kaufen könnte, aber das wusste niemand.
10. Wenn ich Karten bekommen hätte, hätte ich meine Freundin eingeladen.

11. Das ist nicht so schlimm.
12. Mein Spanisch ist genauso gut wie deins.
13. Ich wusste nichts von dieser Angelegenheit.
14. Wenn er nicht so schnell gefahren wäre, hätte er keinen Unfall gehabt.
15. Er rief mich an, um es mir zu sagen.
16. Ich würde sagen, dass er Glück gehabt hat, dass nichts schlimmeres passiert ist.
17. Es freut mich, dass er soviel Glück hatte.
18. …damit wir nichts Wichtiges vergessen.

71- Grammatikübung

(etwa Kap. 54)

Bestimmen Sie die folgenden Verbformen wie im Beispiel beschrieben:

Bsp: tuvimos   →   tener; 1.Pers. Pl.; Indef.; Indicativo

1. se dirigieron   →_____

2. me he divertido→_____

3. llegara→_____

4. llegará→_____

5. tomamos→_____

6. hubiera estado→_____

7. fuisteis→_____

8. éramos→_____

9. estabas→_____

10. estuvieron→_____

11. iríamos→_____

12. siéntense→_____

13. me alegro→_____

14. pusimos→_____

15. iban→_____

16. habría confirmado→_____

17. había hecho→_____

18. has explicado→_____

19. me dirijo→_____

20. seas→_____

21. estuvieras→_____

22. sé→_____

Beginn des Lösungsschlüssels

1- Presente de Subjuntivo

(etwa Kap. 45)

Konjugieren Sie folgende Verben im Presente de Subjuntivo

llegar	**hablar**
yo llegue	hable
tu llegues	hables
el llegue	hable
nosotros lleguemos	hablemos
vosotros lleguéis	habléis
ellos lleguen	hablen
llevar	**aguantar**
yo lleve	aguante
tu lleves	aguantes
el lleve	aguante
nosotros llevemos	aguantemos
vosotros llevéis	aguantéis
ellos lleven	aguanten

2- Presente de Subjuntivo
(etwa Kap. 45)
Konjugieren Sie folgende Verben im Presente de Subjuntivo

entender	**resolver**
yo entienda	resuelva
tu entiendas	resuelvas
el entienda	resuelva
nosotros entendamos	resolvamos
vosotros entendáis	resolváis
ellos entiendan	resuelvan

aprender	**volver**
yo aprenda	vuelva
tu aprendas	vuelvas
el aprenda	vuelva
nosotros aprendamos	volvamos
vosotros aprendáis	volváis
ellos aprendan	vuelvan

3- Presente de Subjuntivo

(etwa Kap. 45)

Konjugieren Sie folgende Verben im Presente de Subjuntivo

permitir   **incluir**

yo permita   incluya

tu permitas   incluyas

el permita   incluya

nosotros permitamos   incluyamos

vosotros permitáis   incluyáis

ellos permitan   incluyan

insistir   **pedir**

yo insista   pida

tu insistas   pidas

el insista   pida

nosotros insistamos   pidamos

vosotros insistáis   pidáis

ellos insistan   pidan

4- Presente de Subjuntivo
(etwa Kap. 45)
Konjugieren Sie folgende Verben im Presente de Subjuntivo

crecer	**parecer**
yo crezca	parezca
tu crezcas	parezcas
el crezca	parezca
nosotros crezcamos	parezcamos
vosotros crezcáis	parezcáis
ellos crezcan	parezcan
conducir	**producir**
yo conduzca	produzca
tu conduzcas	produzcas
el conduzca	produzca
nosotros conduzcamos	produzcamos
vosotros conduzcáis	produzcáis
ellos conduzcan	produzcan

5- Presente de Subjuntivo

(etwa Kap. 45)

Konjugieren Sie folgende Verben im Presente de Subjuntivo

haber	hacer
yo haya	haga
tu hayas	hagas
el haya	haga
nosotros hayamos	hagamos
vosotros hayáis	hagáis
ellos hayan	hagan

tener	decir
yo tenga	diga
tu tengas	digas
el tenga	diga
nosotros tengamos	digamos
vosotros tengáis	digáis
ellos tengan	digan

6- Presente de Subjuntivo

(etwa Kap. 45)

Konjugieren Sie folgende Verben im Presente de Subjuntivo

ir	**ser**
yo vaya	sea
tu vayas	seas
el vaya	sea
nosotros vayamos	seamos
vosotros vayáis	seáis
ellos vayan	sean

dar	**saber**
yo dé	sepa
tu des	sepas
el dé	sepa
nosotros demos	sepamos
vosotros deis	sepáis
ellos den	sepan

7- **Presente de Subjuntivo**

(etwa Kap. 45)
Konjugieren Sie folgende Verben im Presente de Subjuntivo

empezar	**seguir**
yo empiece	siga
tu empieces	sigas
el empiece	siga
nosotros empecemos	sigamos
vosotros empecéis	sigáis
ellos empiecen	sigan
coger	**venir**
yo coja	venga
tu cojas	vengas
el coja	venga
nosotros cojamos	vengamos
vosotros cojáis	vengáis
ellos cojan	vengan

8- Presente de Subjuntivo

(etwa Kap. 46)

Die Spanischhexe hat einige Wünsche an ihre Schüler.

Sie sagt:

1. Quiero que aprendáis el vocabulario

2. Es necesario que hagáis los ejercicios.

3. Es importante que estudiéis diariamente.

4. Deseo que hagáis progresos.

5. Es importante que venís puntualmente a clase.

6. Es necesario que durmáis suficiente.

7. Es importante que paguéis la enseñanza.

8. Me alegro que avancéis.

9. Para que avancéis, tenéis que trabajar.

9- Presente de Subjuntivo

(etwa Kap. 45)

Wie heisst die angegebene Form des Indicativo im Presente de Subjuntivo?

Bsp.:   aprendes → aprendas

1.	preguntamos→	preguntemos
2.	decimos→	digamos
3.	entiende→	entienda
4.	haces→	hagas
5.	suponemos→	supongamos
6.	nos divertimos→	nos divirtamos
7.	repite→	repita
8.	obtiene→	obtenga
9.	vas→	vayas
10.	vienes→	vengas
11.	llegas→	llegues
12.	cometimos→	cometamos
13.	nos gusta→	nos guste

14. se dirige→ se dirija

15. traen→ traigan

16. pasa→ pase

17. paga→ pague

18. estoy→ este

19. lees→ leas

20. rogamos→ roguemos

21. decís→ digáis

22. tenemos→ tengamos

23. explico → explique

24. sigue→ siga

25. vemos→ veamos

26. interrumpes→ interrumpas

10- Vokabelübung I :

Geben Sie Synonyme an:

Bsp: caminar (1) → andar

1. quizás (2) → tal vez, a lo mejor

2. jamas (1) → nunca

3. hace falta (2) → es necesario, es preciso

4. seguir (1) → continuar

5. pasar (2) → ocurrir, suceder

6. desde (1) → a partir de

7. al cabo de un rato (2) → después de unos minutos, un poco más tarde

8. durante (1) → a lo largo de

9. hay (1) → existe

10. más tarde (2) → después, luego

11. empezar (2) → comenzar, iniciar

12. enseguida (2) → inmediatamente, ahora mismo

11- Vokabelübung II :

Geben Sie Synonyme an:

1. tumba (2x) sepultura, sepulcro

2. morir (2x) → fallecer, sucumbir

3. defunción →(1x) muerte

4. hallar (3x)→ tropezarse, descubrir, estar

5. aparcar (1x) →estacionar

6. poner (2x) → colocar, instalar

7. rico (4x) → adinerado, acaudalado, lujoso, sabroso

8. aparecer (1x)→ surgir

9. pedir (1x) → rogar

10. sin embargo (1x) → no obstante

11. todavía no (1x)→ aun no

12. es verdad (1x) → es cierto

13. tiene razón (1x) → lleva razón

12- Vorsicht Falle!

Übersetzung:

1. Christine se compró una raqueta nueva.

2. La nave espacial hacia la luna despegó a las 17h.

3. Los niños jugaron con una cometa.

4. El cometa Halley pasó hace muchos años.

5. Las condiciones meteorológicas para eso eran buenas.

6. Christina ha entrenado mucho. Tiene una resistencia buena.

7. Incluso tiene una resistencia mejor que Antonio.

8. La resistencia eléctrica se mide en ohmios.

9. Los precios son competitivos.

10. Es competente en su profesión.

11. La Transvulcania es una competición deportiva.

13- Raíces, Wortstämme und Vorsilben

Wie heisst das Wort in Deutsch?

1. poner — setzen, stellen, legen
2. suponer — annehmen, vermuten
3. exponer — ausstellen
4. disponer — verfügen über
5. oponer — entgegenstellen
6. volver — zurückkehren
7. envolver — einpacken
8. devolver — zurückgeben
9. revolver — aufrühren, herumdrehen
10. cargar — laden
11. encargar — in Auftrag geben
12. recargar — wieder aufladen
13. descargar — abladen
14. tener — haben, besitzen
15. mantener — erhalten, unterhalten
16. entretener — unterhalten, zerstreuen
17. obtener — erhalten, bekommen
18. detener — festhalten, festnehmen
19. abstenerse — sich fernhalten
20. cerca — nahe
21. acercarse — sich nähern
22. lejos — weit
23. alejarse — sich entfernen
24. la firma — Unterschrift
25. firmar — unterschreiben

26. afirmar	bekräftigen
27. la firmeza	Festigkeit
28. la confianza	Vertrauen
29. confiar en	vertauen auf
30. desconfiar en	nicht vertauen auf
31. la forma	Form, Art
32. formar	bilden
33. deformar	verformen
34. la formación	Ausbildung
35. solver	lösen
36. resolver	auflösen
37. la hora	Stunde, Zeit
38. ahora	jetzt
39. poder	können
40. apoderarse	sich bemächtigen
41. contar	(er)zählen
42. el cuento	Geschichte
43. la cuenta	Rechnung, Konto
44. el descuento	Preisnachlass
45. esperar	(er)warten
46. desesperar	verzweifeln
47. aparecer	erscheinen
48. desaparecer	verschwinden

14- Übersetzungsübung

1. No queremos correr ningun riesgo.

2. Por si acaso te doy mi número de teléfono.

3. No tiene nada que ver con esto.

4. Espero que os llevéis bien.

5. Quiero hacer una pregunta.

6. Queremos dar una vuelta por la ciudad.

7. Lo tengo hasta las narices hacer siempre el trabajo de María.

15- Wie heißt das Adjektiv zu:

Bsp.: el sentimiento → sentimental

1. la isla   → isleño
2. el número   → numeroso, numeral
3. el roque   → rocoso
4. el día   → diario, diurno
5. la semana   → semanal
6. el año   → anual
7. el verano   → veraniego
8. el invierno   → invernal
9. el viento   → ventoso
10. la lluvia   → lluvioso
11. el horror   → horroroso
12. el miedo   → miedoso
13. la muerte   → mortal
14. el bosque   → forestal
15. la forma   → formal
16. la policia   → policial
17. el crimen   → criminal
18. el domingo   → dominical
19. el infierno   → infernal

20. la noche → nocturno
21. la montaña → montañoso
22. el oriente → oriental
23. el occidente → occidental
24. el caballo → equino
25. de detrás → trasero
26. el toro → taurino
27. la norma → normal
28. el huevo → oval
29. la ley → legal
30. la edad media →medieval
31. el antepasado →ancestral

16- ¿Indicativo o Subjuntivo?

(etwa Kap.46)

Setzen Sie die korrekte Verbform ein:

Anuncio de empleo:

Para atender a nuestros clientes en una tienda de moda buscamos a una chica que hable alemán y español.

Es necesario que tenga una apariencia agradable y que sea amable.

No hace falta que tenga experiencia, pero es importante que sea atenta.

Si quiere, puede empezar lo antes posible.

Ofrecemos buenas condiciones de trabajo y un horario flexible.

17- ¿Indicativo o Subjuntivo?

(etwa Kap. 46)

Setzen Sie die korrekte Verbform ein:

En la agencia de viajes:

-Buenos días.

Quisiera ir de vacaciones. Pero no quiero que sea un viaje corriente.

Quiero vivir algo que sea excitante, pero también necesito un hotel que sea cómodo.

Ah, también es importante que ofrezcan buenas comidas, pueden ser exóticas, pero buenas.

No es necesario que disponga de piscina ya que me gustaría hacer muchas excursiones.

Quisiera que el hotel esté fuera de la ciudad, en un sitio idílico.

18- ¿Indicativo o Subjuntivo?

(etwa Kap. 46)

Setzen Sie die korrekte Verbform ein:

Búsqueda de pareja por Internet:

Busco a una mujer atractiva que tenga entre 30 y 40 años.

Es importante que sea rubia y que no pese más que 60 kilos.

No me importa que haya estudiado, ni que lea mucho, pero hace falta que le guste el fútbol, y que sepa las reglas.

Deseo que me acompañe a todos los partidos, y que se dedique todo su tiempo a mí.

Es importante que no se queje cuando nos encontramos con mis amigos.

No es necesario casarse, pero exijo que sea fiel.

Quiero que me comprenda y que haga todo el trabajo de la casa.

Puede tener un hijo, pero no quiero pagar por él.

Además debería tener carnet de conducir.

19- ¿Indicativo o Subjuntivo?

(etwa Kap. 46)

Setzen Sie die korrekte Verbform ein:

Búsqueda de pareja por Internet:

Busco a un hombre que viva en buena situación económica.

No me importa su edad.

Tampoco me importa su física, pero prefiero que tenga una estatura deportiva.

Estoy dispuesta de hacerle feliz durante todo el tiempo. A cambio quisiera que me pague operaciones cosméticas, y que me compre joyas y zapatos.

También es importante que tengamos varios coches lujosos y que vivamos en una casa grande.

Quisiera tener muchos hijos, y quiero viajar
mucho.

Estoy capaz de aguantar conversaciones
aburridas sin contradecir y puedo simular
felicidad en cualquier momento.

20- ¿Indicativo o Subjuntivo?

(etwa Kap. 46)

Setzen Sie die korrekte Verbform ein:

El príncipe de Cenicienta busca una novia:

Busco a una chica que sea joven y que quiera casarse conmigo.

Tiene que trabajar como reina.

Para eso no necesita ninguna formación especial, pero es importante que tenga los pies muy pequeños.

Es necesario que pase el resto de su vida conmigo.

No hace falta que tenga padres, y no quiero conocer a madrastras o hermanas feas.

Para reconocerla es necesario que acuda al baile y que huya a medianoche.

Después mis sirvientes la buscarán y la llevarán al palacio.

21- ¿Indicativo o Subjuntivo?

(etwa Kap. 47)

1. Mientras estaba de vacaciones salía mucho.

2. Mientras estés de vacaciones haz ejercicio.

3. Mientras vivía en Madrid aprendía español.

4. Mientras viva no tendrá problemas económicos.

5. Aunque nos gusta, viajamos poco.

6. Aunque nos guste, viajaremos poco.

7. Salimos aunque llueve.

8. Saldremos aunque llueva.

9. Salimos mientras llovía.

10. Mientras no estudies, no aprobarás.

22- todo, todos, nadie, ninguno, alguien, nada

Übersetzung:

1. Nadie sabe nada.
2. Todo es muy caro.
3. Esto es para todos.
4. Cada día iba al cine.
5. No hice (he hecho) nada todo el día.
6. ¿Alguien está al tanto?
7. Perdí todo el dinero.
8. ¿Ya has estado alguna vez en Nueva Zelandia?
9. Lo sé todo.
10. Ninguno de estos libros me ha gustado.
11. Todos estaban muy contentos.
12. ¿Tienes algún DVD interesante ?
13. No, no tengo ninguno.
14. No pasa nada, si llegas más tarde.
15. Por todas partes crece hierba mala.
16. Aquí no hay nada interesante.
17. Todos fueron a casa.
18. ¿Has oído si ha venido alguien?
19. No, no ha venido nadie.
20. Es mejor para todos.
21. Todos mis problemas están solucionados.

23- Welcher dieser Ausdrücke erfordert ein Subjuntivo?

(etwa Kap. 46)

1.	Me importa que...	Subj.
2.	Espera que...	Subj.
3.	Es obvio que...	Ind.
4.	No diga que...	Ind.
5.	Es lógico que...	Subj.
6.	Es comprensible que…	Subj.
7.	Es indiscutible que…	Ind.
8.	No puedo negar que…	Ind.
9.	No temáis que…	Subj.
10.	No duden que…	Ind.

24- Verwendung von „deber"

Übersetzung

1. Me debes un favor.
2. ¿Cuánto le debo?
3. Tengo que hacer los deberes.
4. Deberías estar más atento.
5. Si se lo hace, como es debido,
   funciona muy bien.
6. Debe de tener unos 30 años.
7. No debería hacerle esperanzas falsas.
8. Nadie debía verle allí.
9. Debo decir que La Palma es muy
   bonito.
10. ¿El teléfono suena a estas horas?
    Debe de ser Antonio.
11. Debe de ser por el tiempo.

25-¿Presente de Subjuntivo o Indicativo?

(etwa Kap. 47)

1. Creo que llueve pronto.

2. No creo que llueva.

3. Creo que Christine pronto vuelve a Alemania.

4. No creo que vuelva.

5. Creo que el restaurante abre los lunes.

6. No creo que abra los lunes.

7. Creo que ponen una película muy buena en el cine.

8. No creo que sea buena.

9. Creo que esta noche Antonio nos cuenta algo interesante.

10. No creo que nos cuente nada interesante.

26-¿Presente de Subjuntivo o Indicativo?

(etwa Kap 47)

1. ¿Cuándo venís a La Palma?
2. Te llamaremos cuando venimos a La Palma.
3. No sé cuándo tendré tiempo para terminar el trabajo.
4. Os informo cuando haya terminado el trabajo.
5. ¿Cuándo tienes vacaciones?
6. ¿Cuándo te subirán el sueldo?
7. Voy de vacaciones cuando me suban el sueldo.
8. Cuando sepa algo nuevo te lo digo.
9. Cuando hayan llegado los huéspedes querrán comer.
10. Podemos ir cuando quieras.
11. ¿Cuándo quieres ir?

27- Buenos deseos

Formulieren Sie gute Wünsche wie im Beispiel:

(etwa Kap. 46)

Bsp.: mejorarse → ¡Que te mejores!

1. ¡Que te salgan bien las cosas!

2. ¡Que seas exitoso!

3. ¡Que soluciones los problemas!

4. ¡Que todo vaya bien!

5. ¡Que se hagan realidad tus sueños!

6. ¡Que tengas suerte!

7. ¡Que tengas buen viaje!

8. ¡Que encuentres buena pareja!

9. ¡Que tomes la mejor decisión!

.

28- Dativ und Akkusativpronomen
(etwa Kap.48)

1. Te lo dije.
2. Os lo dije.
3. Se lo dije (a ella).
4. Se lo dije (a él).
5. Se lo dije (a ellos).
6. Nos lo dijeron.
7. Me lo dijeron.
8. Os lo dijeron.
9. Me lo dijo (él).
10. Me lo dijo (ella).
11. Te lo dijo (él).
12. Te lo dijo (ella).
13. (El) Se lo dijo (a ella).
14. (Ella) se lo dijo (a ella).
15. (El) se lo dijo (a él).
16. (Ella) se lo dijo (a él).
17. Te lo dijimos.
18. Se lo dijimos.
19. Se lo dijimos (a él).
20. Se lo dijimos (a ella).

21. Te lo diremos.
22. Se lo diremos (a él).
23. Se lo diremos (a ella).
24. Nos lo dirá.
25. Os lo dirá.
26. Me lo dirá.
27. Se lo diré (a él).
28. Se lo diré (a ella).
29. Se lo dirán (a ella).
30. Se lo dirán (a ellos).
31. (Ella) se lo dirá (a él).
32. (El) se lo dirá (a ella).
33. Se lo dirás (a él).
34. Nos lo dirás.
35. (Ella) os lo dirá.

29- Wie heisst das auf Spanisch?

(etwa Kap. 48)

1. ¡Dígamelo!
2. ¡Cómpreselo!
3. ¡Aguanta!
4. ¡Ten!
5. ¡Escribídlo!
6. ¡Venid!
7. ¡Sube al coche!
8. ¡Págale!
9. ¡Cuéntemelo!
10. ¡Dámelo!
11. ¡Llamádle!
12. ¡Hazlo!
13. ¡Corre!
14. ¡Respóndedle!
15. ¡Cóbralo!
16. ¡Camine mucho!
17. ¡Díme la verdad!
18. ¡Ve al campo!
19. ¡Tómate tomate!
20. ¡Tenga paciencia!
21. ¡Confórmate con esto!

30- Wie heisst der negative Imperativ?

(etwa Kap. 48)

1. ¡Dígamelo! → ¡No me lo diga!
2. ¡Cómpreselo! → ¡No se lo compre!
3. ¡Aguanta! → ¡No aguantes!
4. ¡Ten! → ¡No tengas!
5. ¡Escribidlo! → ¡No lo escribáis!
6. ¡Venid! → ¡No vengáis!
7. ¡Sube al coche! → ¡No subas al coche!
8. ¡Págale! → ¡No le pagues!
9. ¡Cuéntemelo! ¡No me lo cuente!
10. ¡Dámelo! → ¡No me lo des!
11. ¡Llamadle! → ¡No le llaméis!
12. ¡Hazlo! → ¡No lo hagas!
13. ¡Corre! → ¡No corras!
14. ¡Respondedle! ¡No le respondais!
15. ¡Cóbralo! → ¡No lo cobres!
16. ¡Camine mucho! → ¡No camine mucho!
17. ¡Dime la verdad! → ¡No me digas la verdad!
18. ¡Ve al campo! → ¡No vayas al campo!
19. ¡Tómate tomate! → ¡No te tomes tomate!
20. ¡Tenga paciencia! → ¡No tenga paciencia
21. ¡Confórmate con esto! → ¡No te conformes con esto!

31- Wie sagt man auf Spanisch?

(etwa Kap.48)

1. ¡Díselo!
2. ¡Traemelo!
3. ¡Pagueselo!
4. ¡Pagueselo!
5. ¡Escribetelo!
6. ¡Escribamelo!
7. ¡Respondaselo!
8. ¡Tomeselo!
9. ¡Demelo!
10. ¡Compratelo!
11. ¡Busqueselo!
12. ¡Preguntemelo!

32- Negative Imperative

(etwa Kap. 48)

Nehmen Sie nun die Befehle der letzten
Übung und setzen Sie sie in die spanische
Negativform

Bsp: Sag es ihm nicht!

1. ¡No se lo digas!
2. ¡No me lo traigas!
3. ¡No se lo pague!
4. ¡No se lo pague!
5. ¡No te lo escribas!
6. ¡No me lo escriba!
7. ¡No se lo responda!
8. ¡No se lo tome!
9. ¡No me lo de!
10. No te lo compres!
11. ¡No se lo busque!
12. ¡No me lo pregunte!

33-Imperfecto de Subjuntivo

(etwa Kap. 53)

Geben Sie jeweils die 3. Person Plural des Indefinido und die 1. Person Singular des Imperfecto de Subjuntivo (beide Formen!) an.

Bsp.: traer→ trajeron / trajera / trajese

1. estar→ estuvieron / estuviera / estuviese
2. hablar→ hablaron / hablara / hablase
3. encontrarse→ se encontraron / me encontrara / me encontrase
4. subir→ subieron / subiera / subiese
5. decir→ dijeron / dijera / dijese
6. poner→ pusieron / pusiera / pusiese
7. tener→ tuvieron / tuviera / tuviese
8. preferir→ prefirieron / prefiriera / prefiriese
9. levantarse→ se levantaron / me levantara / me levantase
10. entender→ entendieron / entendiera / entendiese

11. dormir→ durmieron / durmiera / durmiese
12. exponer→ expusieron / expusiera / expusiese
13. entregar→ entregaron / entregara / entregase
14. invertir→ invirtieron / invirtiera / invirtiese
15. leer→ leyeron / leyera / leyese
16. ir→ fueron / fuera / fuese
17. haber→ hubieron / hubiera / hubiese
18. padecer→ padecieron / padeciera / padeciese
19. pedir→ pidieron / pidiera / pidiese
20. hacer→ hicieron / hiciera / hiciese
21. sustituir→ sustituyeron / sustituyera / sustituyese
22. poder→ pudieron / pudiera / pudiese
23. parar→ pararon / parara / parase
24. ser→ fueron / fuera / fuese
25. saber→ supieron / supiera / supiese
26. venir→ vinieron / viniera / viniese

34 Imperfecto de Subjuntivo

(etwa Kap. 53)

Konjugieren Sie folgende Verben im Imperfecto de Subjuntivo. Geben Sie beide Formen an!

empezar

yo	empezara	empezase
tu	empezaras	empezases
el	empezara	empezase
nosotros	empezaramos/empezasemos	
vosotros	empezarais	empezaseis
ellos	empezaran	empezasen

venir

yo	viniera	viniese
tu	vinieras	vinieses
el	viniera	viniese
nosotros	viniéramos	viniésemos
vosotros	vinierais	vinieseis
ellos	vinieran	viniesen

35- Imperfecto de Subjuntivo

(etwa Kap. 53)
Konjugieren Sie folgende Verben im
Imperfecto de Subjuntivo. Geben Sie beide
Formen an!

ser

yo	fuera	fuese
tu	fueras	fueses
el	fuera	fuese
nosotros	fuéramos	fuésemos
vosotros	fuerais	fueseis
ellos	fueran	fuesen

ir

yo	fuera	fuese
tu	fueras	fueses
el	fuera	fuese
nosotros	fuéramos	fuésemos
vosotros	fuerais	fueseis
ellos	fueran	fuesen

36- Imperfecto de Subjuntivo

(etwa Kap. 53)
Konjugieren Sie folgende Verben im
Imperfecto de Subjuntivo. Geben Sie beide
Formen an!

tener

yo	tuviera	tuviese
tu	tuvieras	tuvieses
el	tuviera	tuviese
nosotros	tuviéramos	tuviésemos
vosotros	tuvierais	tuvieseis
ellos	tuvieran	tuviesen

estar

yo	estuviera	estuviese
tu	estuvieras	estuvieses
el	estuviera	estuviese
nosotros	estuviéramos	estuviésemos
vosotros	estuvierais	estuvieseis
ellos	estuvieron	estuviesen

37- Imperfecto de Subjuntivo

(etwa Kap. 53)
Konjugieren Sie folgende Verben im
Imperfecto de Subjuntivo. Geben Sie beide
Formen an!

saber

yo	supiera	supiese
tu	supieras	supieses
el	supiera	supiese
nosotros	supiéramos	supiésemos
vosotros	supierais	supieseis
ellos	supieran	supiesen

caber

yo	cupiera	cupiese
tu	cupieras	cupieses
el	cupiera	cupiese
nosotros	cupiéramos	cupiésemos
vosotros	cupierais	cupieseis
ellos	cupieran	cupiesen

38- Imperfecto de Subjuntivo

(etwa Kap. 53)
Konjugieren Sie folgende Verben im
Imperfecto de Subjuntivo. Geben Sie beide
Formen an!

poner

yo	pusiera	pusiese
tu	pusieras	pusieses
el	pusiera	pusiese
nosotros	pusiéramos	pusiésemos
vosotros	pusierais	pusieseis
ellos	pusieran	pusiesen

poder

yo	pudiera	pudiese
tu	pudieras	pudieses
el	pudiera	pudiese
nosotros	pudiéramos	pudiésemos
vosotros	pudierais	pudieseis
ellos	pudieran	pudiesen

39-Imperfecto de Subjuntivo

(etwa Kap. 53)

Wie heisst die angegebene Form des Indicativo im Imperfecto de Subjuntivo?

Bsp.:   aprendes → aprendieras/aprendieses

1. preguntáramos/preguntásemos

2. dijéramos/ dijésemos

3. entendiera/ entendiese

4. hicieras/ hicieses

5. supusiéramos/supusiésemos

6. nos divirtiéramos/nos divirtiésemos

7. repitiera/repitiese

8. obtuviera/obtuviese

9. fueras/ fueses

10. viniéramos/viniésemos

11. llegaras/llegases

12. cometieras/cometieses

13. diera/diese

14. nos gustara/nos gustase

15. se dirigiera/se dirigiese

16. trajera/trajese

17. pasara/pasase

18. pagara/pagase

19. estuviera/estuviese

20. leyeras/leyeses

21. rogara/rogase

22. dijerais/dijeseis

23. tuviéramos/tuviésemos

24. explicara/explicase

25. sigue   siguiera/siguiese

26. vemos   vieramos/viésemos

27. interrumpes
           interrumpieras/interrumpieses

40-¿ Indicativo o Subjuntivo?

Übersetzung

1. Leo un libro que es interesante.
2. Busco un libro que sea interesante.
3. Hace lo que le gusta.
4. Hará lo que le guste.
5. He visto a una mujer que habla mucho.
6. Nunca he visto a una mujer que hable tanto.
7. Cada frase que dice tiene doble sentido.
8. No hay ninguna frase que no tenga doble sentido.
9. Me dijo lo que quería.
10. ¡Dígame lo que quiera, no lo creeré!
11. Aquí hay alguien que quiere verte.
12. Aquí no hay nadie que quiera verte.
13. Cerca de aquí conozco un bar que es bueno.
14. Cerca de aquí no conozco ningún bar que sea bueno.

41- Imperfecto de Subjuntivo / Futuro

(etwa Kap.53)

Geben Sie jeweils die 3. Pers. Sg. an:

Bsp.: indicar→ indicara / indicará

1. pronunciar→   pronunciara/pronunciará

2. concluir→   concluyera/concluirá

3. caminar→   caminara/caminará

4. vender→   vendiera/venderá

5. venir→   viniera/vendrá

6. hablar→   hablara/hablará

7. insertar→   insertara/insertará

8. abrir→   abriera/abrirá

9. cumplir→   cumpliera/cumplirá

10. fundar→   fundara/fundará

11. ir→   fuera/irá

12. mantener→   mantuviera/mantendrá

13. guiar→   guiara/guiará

42- Condicional simple

(etwa Kap 53)

Konjugieren Sie folgende Verben im Condicional simple

ganar		**publicar**
yo	ganaría	publicaría
tu	ganarías	publicarías
el	ganaría	publicaría
nosotros	ganaríamos	publicaríamos
vosotros	ganaríais	publicaríais
ellos	ganarían	publicarían

envolver	**inscribirse**
envolvería	me inscribiría
envolverías	te inscribirías
envolvería	se inscribiría
envolveríamos	nos inscribiríamos
envolveríais	os inscribiríais
envolverían	se inscribirían

43- Condicional simple

(etwa Kap 53)

Konjugieren Sie folgende Verben im Condicional simple

decir		**hacer**
yo	diría	haría
tu	dirías	harías
el	diría	haría
nosotros	diríamos	haríamos
vosotros	diríais	haríais
ellos	dirían	harían

salir		**poner**
yo	saldría	pondría
tu	saldrías	pondrías
el	saldría	pondría
nosotros	saldríamos	pondríamos
vosotros	saldríais	pondríais
ellos	saldrían	pondrían

44-Futuro/ Condicional simple
(etwa Kap53)

Wie heisst die angegebene Präsensform im
Futuro / Condicional simple?

Bsp.:   aprendo
   ➔   aprenderé / aprendería

1. comprarás/comprarías

2. sabremos/sabríamos

3. verás/verías

4. valdré/valdría

5. se despertarán/se despertarían

6. habrá/habría

7. venderéis/venderíais

8. vendréis/vendríais

9. pensaré/pensaría

10. querré/querría

11. supondremos/supondríamos

12. harán/harían

13. abriré/abriría

14. me abstendré/me abstendría

15. cabrá/cabría

16. podrás/podrías

17. diremos/diríamos

18. nos decidiremos/nos decidiríamos

19. sabrán/sabrían

20. oiremos/oiríamos

45- Wenn es so wäre...

(etwa Kap. 53)

Übersetzung:

1. Si lo supiera, te lo diría.

2. Si lo supiera, no te preguntaría.

3. Si lo tuviera, te lo daría.

4. Si fuera tú, se lo diría.

5. Si fuera tú, sabría qué hacer.

6. Si fuera tú, no lo haría.

7. Si se lo dijera, estaría enfadada.

8. Si pudiera, lo haría.

9. Si Christine no fuera tan sensible, le diría la verdad.

10. Si (yo) fuera la bruja de español, escribiría aun más libros.

11. Si no fuera tan perezoso, aprendería más.

12. Si hiciera buen tiempo, iríamos a la playa.

13. Si no tuviera que trabajar, iría de vacaciones.

14. Si Antonio tuviera dinero, se compraría un coche nuevo.

15. Si Christine no estuviera tan enamorada, volvería a Alemania.

16. Si estuviéramos en casa, podríamos ver la tele.

17. Si ganara en la lotería, no trabajaría nunca más.

46- Könnte, würde, hätte...

(etwa Kap. 53)

Übersetzung:

1. Iríamos al cine , si supiéramos qué película ponen.

2. Aprendería más, si tuviera más motivación.

3. Christine iría más al gimnasio, si tuviera más tiempo.

4. Lo intentaría, si estuviera en tu lugar.

5. (Yo) hablaría con él, si pudiera.

6. Saldría, si no tuviera dolor de cabeza.

7. Me compraría un vestido nuevo, si encontrara algo bonito.

8. Christine iría más en barco, si no se mareara.

47- Pluscuamperfecto de Subjuntivo

(etwa Kap. 54)

Konjugieren Sie folgende Verben im
Pluscuamperfecto de Subjuntivo

hablar

yo	hubiera hablado
tu	hubieras hablado
el	hubiera hablado
nosotros	hubiéramos hablado
vosotros	hubierais hablado
ellos	hubieran hablado

tener

yo	hubiera tenido
tu	hubieras tenido
el	hubiera tenido
nosotros	hubiéramos tenido
vosotros	hubierais tenido
ellos	hubieran tenido

decir

yo	hubiera dicho
tu	hubieras dicho
el	hubiera dicho
nosotros	hubiéramos dicho
vosotros	hubierais dicho
ellos	hubieran dicho

aparecer

yo	hubiera aparecido
tu	hubieras aparecido
el	hubiera aparecido
nosotros	hubiéramos aparecido
vosotros	hubierais aparecido
ellos	hubieran aparecido

48- Pluscuamperfecto de Subjuntivo

(etwa Kap. 54)

Konjugieren Sie folgende Verben im Pluscuamperfecto de Subjuntivo.

ganar

yo	hubiera ganado
tu	hubieras ganado
el	hubiera ganado
nosotros	hubiéramos ganado
vosotros	hubierais ganado
ellos	hubieran ganado

poner

yo	hubiera puesto
tu	hubieras puesto
el	hubiera puesto
nosotros	hubiéramos puesto
vosotros	hubierais puesto
ellos	hubieran puesto

49- Pluscuamperfecto de Subjuntivo

(etwa Kap. 54)

Konjugieren Sie folgende Verben im Pluscuamperfecto de Subjuntivo.

levantarse

yo	me hubiera levantado
tu	te hubieras levantado
el	se hubiera levantado
nosotros	nos hubiéramos levantado
vosotros	os hubierais levantado
ellos	se hubieran levantado

encontrar

yo	hubiera encontrado
tu	hubieras encontrado
el	hubiera encontrado
nosotros	hubiéramos encontrado
vosotros	hubierais encontrado
ellos	hubieran encontrado

50- Condicional compuesto

(etwa Kap. 54)
Konjugieren Sie folgende Verben im
Condicional Compuesto

convencer

yo	habría convencido
tu	habrías convencido
el	habría convencido
nosotros	habríamos convencido
vosotros	habríais convencido
ellos	habrían convencido

pronunciar

yo	habría pronunciado
tu	habrías pronunciado
el	habría pronunciado
nosotros	habríamos pronunciado
vosotros	habríais pronunciado
ellos	habrían pronunciado

hacer

yo	habría hecho
tu	habrías hecho
el	habría hecho
nosotros	habríamos hecho
vosotros	habríais hecho
ellos	habrían hecho

poner

yo	habría puesto
tu	habrías puesto
el	habría puesto
nosotros	habríamos puesto
vosotros	habríais puesto
ellos	habrían puesto

51- Condicional compuesto

(etwa Kap. 54)
Konjugieren Sie folgende Verben im
Condicional compuesto

entender

yo	habría entendido
tu	habrías entendido
el	habría entendido
nosotros	habríamos entendido
vosotros	habríais entendido
ellos	habrían entendido

decir

yo	habría dicho
tu	habrías dicho
el	habría dicho
nosotros	habríamos dicho
vosotros	habríais dicho
ellos	habrían dicho

52- Condicional compuesto
(etwa Kap. 54)
Konjugieren Sie folgende Verben im
Condicional compuesto

esforzarse

yo	me habría esforzado
tu	te habrías esforzado
el	se habría esforzado
nosotros	nos habríamos esforzado
vosotros	os habríais esforzado
ellos	se habrían esforzado

huir

yo	habría huido
tu	habrías huido
el	habría huido
nosotros	habríamos huido
vosotros	habríais huido
ellos	habrían huido

53- Condicional simple/
Condicional compuesto
(etwa Kap. 54)

Wie heisst die angegebene Präsensform im Condicional simple und im Condicional compuesto?

Bsp.: cuido
➔ cuidaría / habría cuidado

1. sigues
   seguirías / habrías seguido

2. propongo
   propondría / habría propuesto

3. verificas
   verificarías / habrías verificado

4. conduzco
   conduciría / habría conducido

5. dicen
   dirían / habrían dicho

6. detenemos
   detendríamos / habríamos detenido

7. envidian
   envidiarían / habrían envidiado

8. cabe
   cabría / habría cabido

9. me levanto
   me levantaría / me habría levantado

10. vales
    valdrías / habrías valido

11. me despido
    me despediría / me habría despedido

12. obtienes
    obtendrías / habrías obtenido

13. sale
    saldría / habría salido

14. huye
    huiría / habría huido

15. produzco

    produciría / habría producido

16. hay
    habría / habría habido

17. entienden
    entenderían / habrían entendido

18. vendes
    venderías / habrías vendido

19. vengo
    vendría / habría venido

20. habláis
    hablaríais / habríais hablado

21. hacéis
    haríais / habríais hecho

22. quieres
    querrías / habrías querido

23. nos afeitamos
    nos afeitaríamos / nos habríamos
    afeitado

24. me gusta
    me gustaría / me habría gustado

54- Wenn es so gewesen wäre...

(etwa Kap. 54)

Übersetzung:

1. Si lo hubiera sabido te lo habría dicho.

2. Si lo hubiera sabido no te habría preguntado.

3. Si lo hubiera tenido te lo habría dado.

4. Si hubiera sido tú, se lo habría dicho.

5. Si hubiera sido tu, habría sabido qué hacer.

6. Si hubiera sido tu, no lo habría hecho.

7. Si se lo hubiera dicho, se habría enfadado.

8. Si lo hubiera podido, lo habría hecho.

9. Si Christine no hubiera sido tan sensible, le habría dicho la verdad.

10. Si hubiera sido la bruja de español, habría escrito aun más libros.

11. Si no hubiera sido tan perezoso, habría aprendido más.

12. Si hubiera hecho buen tiempo, habríamos ido a la playa.

13. Si no hubiera tenido que trabajar, habría ido de vacaciones.

14. Si Antonio hubiera tenido dinero, se habría comprado un coche nuevo.

15. Si Christine no hubiera estado tan enamorada, habría vuelto a Alemania.

16. Si hubiéramos estado en casa, habríamos podido ver la tele.

17. Si hubiera ganado en la lotería, no habría trabajado nunca más.

55-wäre, hätte...

(etwa Kap. 54)

Übersetzung:

1. Habríamos ido al cine si hubiéramos sabido qué película pusieron.

2. Habría estudiado más, si hubiera tenido más motivación.

3. Christine habría ido más al gimnasio, si hubiera tenido más tiempo.

4. Lo habría intentado si hubiera estado en tu lugar.

5. Habría hablado con él, si hubiera podido.

6. Habría salido si no hubiera tenido dolor de cabeza.

7. Me habría comprado un vestido nuevo si hubiera encontrado algo bonito.

8. Christine habría ido más en barco, si no se hubiera mareado.

56- Estilo indirecto

(etwa Kap 55)

Christine cuenta:

Antonio dijo que todo el día había tenido mucho trabajo, pero entonces estaba en casa y por fin tenía tiempo para charlar conmigo.

Dos días antes había llegado a casa y nuestro gato Viernes no había estado (allí). Lo había buscado por todos los sitios, pero no lo había encontrado.

Finalmente Viernes había aparecido con un lagarto enorme que había cazado.
El lunes es día de fiesta. Por eso Antonio iba a ir con los chicos al mar.
Me explicó que Julio tiene una cueva en el puerto de Puntagorda.
Querían pescar y quedarse una noche en la cueva de Julio.
Añadió que me llamaría después para contarme cómo había sido.

57-Estilo indirecto

(etwa Kap 55)

Antonio ist krank und bittet daher Christine, einige Dinge zu tun:

Christine erledigt alles. Am Abend trifft sie ihre Freundin Monika und erzählt:

Todo el día he estado ocupada. Antonio está enfermo y me pidió que….

llamara/ llamase a Julio para decirle (oder: que le dijera/dijese) que no iba a venir al trabajo.

Quería que fuera/fuese a la farmacia para comprar aspirina.

Me rogó que dijera/dijese nada a su madre.

Me pidió que regara/regase las plantas.

oder: Me preguntó si pudiera/pudiese regar las plantas.

Me recordó que diera/diese comida al gato.

oder: ...que no olvidara/olvidase dar comida al gato.

Por fin me dijo que le llevara/llevase el mando a distancias.

58- Übersetzung

(etwa ab Kap.53)

Antonio braucht Hilfe bei der Hausrenovierung. Er sagt zu Christine:

1. Llévame la sierra, por favor.
2. Búscame el martillo, por favor.
3. Vacía la estantería.
4. Ayúdame a mover la estantería.
5. Prepárame un café, por favor.
6. Pon la radio.
7. Ve a la ferretería y compra algunos tornillos.
8. Llama a José y pregúntale si puede venir.
9. Dame el taladro.
10. Dime cómo solucionamos el problema.

59-Presente de Subjuntivo

(etwa ab Kap. 53)

Formulieren Sie die Befehlsformen aus der vorangegangenen Übung um und erzählen Sie nun, was Antonio von Christine möchte:

1. Antonio quiere que Christine le lleve la sierra.
2. Antonio ruega que Christine le busque el martillo.
3. Pide a Christine que vacíe la estantería.
4. Antonio pide a Christine que le ayude a mover la estantería.
5. Antonio ruega que Christine le prepare un café.
6. Antonio quiere que Christine ponga la radio.
7. Le dice que vaya a la ferretería y compre algunos tornillos.
8. Pide que Christine llame a José y que le pregunte si puede venir.
9. Antonio quiere que Christine le dé el taladro.
10. Quiere que Christine le diga cómo solucionan el problema.

60- Indirekte Rede / Imperfecto de Subjuntivo

(etwa ab Kap 53)

Ein paar Tage später erzählt Christine Monika von der Renovierung:

1. Antonio quería que le llevara/llevase la sierra.
2. Me rogó que le buscara/buscase el martillo.
3. Me pidió que vaciara/vaciase la estantería.
4. Me pidió que le ayudara/ayudase a mover la estantería.
5. Me rogó que le preparara/preparase un café.
6. Antonio quería que pusiera/pusiese la radio.
7. Me dijo que fuera/fuese a la ferretería y que comprara/comprase algunos tornillos.
8. Me pidió que llamara/llamase a José y que le preguntara/preguntase si podía venir.
9. Quería que le diera/diese el taladro.
10. Quería que le dijera/dijese cómo solucionamos el problema.

61- Gemischtes für Spezialisten:

(etwa Kap. 55)

Übersetzung:

1. Me pide prestarle el libro.
2. Me pide que le preste el libro.
3. Se lo di para que pudiera leerlo.
4. Le dije que lo devolviera/devolviese puntualmente.
5. (Ella) me prometió devolverlo puntualmente.
6. Me dijo que lo devolviera/devolviese puntualmente.
7. No creo que lo devuelva puntualmente.
8. (Ella) lo siente que no lo haya devuelto puntualmente.
9. No creí que lo devolviera/devolviese puntualmente.
10. Me alegré de que lo devolviera/ devolviese puntualmente.
11. Me alegro de que lo veas así.
12. Lo sentí que no lo viera/viese así.

62- Formulieren Sie um wie im Beispiel:
(etwa Kap 55)

Bsp: Me has llevado flores y te lo agradezco.
→Te agradezco que me hayas llevado flores.

1. Siento que últimamente hayamos tenido muchas discusiones.

2. Sus padres no permitieron que hicieran /hiciesen una fiesta.

3. Me molesta que no me apoyéis.

4. Me alegro que hayan decidido casarse.

5. No le gustaba que siempre le criticaran /criticasen.

6. Me puse muy contenta de que al fin lo consiguiéramos /consiguiésemos.

7. Después de que haya terminado mi trabajo te acompañaré.

8. Me alegro que estés bien.

9. Me parece raro que no haya llegado todavía.

10. No me extraño de que se hubieran mudado a La Palma.

11. Me molesta de que Christine siempre deje la puerta abierta.

12. Es agradable que Antonio sea muy puntual.

13. Es importante que siempre hagáis los deberes.

63- Setzen Sie die richtige Verbform ein:

(etwa Kap 55)

1. No sé si llueva mañana.

2. Era sorprendente que Christine ya dominara/dominase perfectamente el subjuntivo.

3. El coche de Antonio estaba tan sucio que parecía que nunca lo había limpiado.

4. Que yo sepa solo lo ha hecho una vez.

5. ¡Qué agradable sería si todos los alumnos estudiaran/estudiasen tanto como tú!

6. Le avisé para que no viniera/viniese.

7. Es posible que vuelva mañana.

8. Tu madre ignora que estás aquí.

9. Si algo interesa ahora, es que estudies el subjuntivo.

10. ¿No te das cuenta de que estás completamente confundido?

11. No creo que estés completamente confundido.

12. Condujo como si fuera un coche de carrera.

13. Le multaron porque conducía como un loco.

14. No suponíamos que hubiera/hubiese un aparcamiento en el centro de la ciudad.

15. Me miraron como si fuera/fuese tonta.

16. ¿Crees que soy tonta?

64- Vollenden Sie jeden Satz mit der korrekten Form von "pagar"

(etwa Kap 46)

Bsp: Quiero que pagues la cuenta.

1. Veo que pagas la cuenta.

2. Espero que pagues la cuenta.

3. Sé que pagas la cuenta.

4. Me gusta que pagues la cuenta.

5. Me interesa que pagues la cuenta.

6. Supongo que pagas la cuenta.

7. Necesito que pagues la cuenta.

8. Es lógico que pagues la cuenta.

9. Creo que pagas la cuenta.

10. Deseo que pagues la cuenta.

11. Me alegro de que pagues la cuenta.

65- Wiederholen Sie die folgenden Sätze wie im Beispiel, und passen Sie dabei die Verbform korrekt an.

(etwa Kap.55)

Bsp.: Digo que escribas.
  ➔ Diré que escribas.
  ➔ Dije que escribieras/escribieses.

1. Necesitas que te ayuden.
   Necesitarás que te ayuden.
   Necesitabas que te ayudaran/ayudasen.

2. Insiste en que nos quedemos.
   Insistirá en que nos quedemos.
   Insistió en que nos quedáramos/quedásemos.

3. Te dejo que hagas lo que quieras.
   Te dejaré que hagas lo que quieras.
   Te dejé que hicieras/hicieses lo que quieras.

4. Mando que se quede en casa.
   Mandaré que se quede en casa.
   Había mandado que se quedara/quedase en casa.

5. Me pide que le apoye.
   Me pedirá que le apoye.
   Me pidió que le apoyara/apoyase.

6. Te prohíbo que hables así.
   Te prohibiré que hables así.
   Te prohibí que hablaras/hablases así.

7. Nos recomienda que comamos sano.
   Nos recomendará que comamos sano.
   Nos recomendó que
   comiéramos/comiésemos sano.

8. Espero que estudies.
   Esperaré que estudies.
   Esperaba que estudiaras/estudiéses.

66- Geben Sie die folgenden Sätze in der indirekten Rede wieder, so, wie im Beispiel angegeben

(etwa Kap 55)

Bsp.:   Me dijeron: ¡trabaja!
➔ Me dijeron que trabaje.

1. Le has dicho: ¡venga!
➔ Le has dicho que viniera

2. Me dijo: ¡trabaja!
➔ Me dijo que trabajara.

3. Te dirán: ¡come menos!
➔ Te dirán que comas menos.

4. El policía nos ordenó: ¡sigan!
➔ El policía nos ordenó que siguiéramos/siguiésemos.

5. Christine escribió: ¡visítame!
➔ Christine escribió que le visitara/visitase.

6. Os pedirán: ¡pagad la cuenta!
➔ Os pedirán que paguéis la cuenta.

67- Setzen Sie die korrekte Verbform ein:
(etwa Kap. 54)

1. Tiene un coche que es rápido.

2. Busca un coche que sea rápido.

3. Conozco una chica que habla alemán.

4. Necesitamos una chica que hable alemán.

5. He estado en un restaurante donde sirven buena comida.

6. ¿Conoces algún restaurante donde sirvan buena comida?

7. Habían comprado una cafetera que funcionaba bien.

8. Querían comprar una cafetera que funcionara/funcionase bien.

9. Conozco a alguien que puede trabajar para ti.

10. ¿Conoces a alguien que pueda trabajar para mí?

11. ¿Tienes un libro que trata de perros?

12. No tengo ningún libro que trate de perros.

13. Conozco una casa que te puede interesar.

14. No tengo ninguna casa que te pueda interesar.

15. Sabemos que pasó.

16. No hay nadie que sepa que pasó.

68- Befehlsformen in der indirekten Rede:

(etwa Kap.55)

Geben Sie die Imperative, die Antonio benutzt an Christine in der geduzten Form weiter!

Bsp: ¡Ponte! → Quiere que te pongas…

1. ¡Dígamelo!
   → Quiere que se lo diga.
2. ¡Cómpreselo!
   → Quiere que se lo compre.
3. ¡Aguanta!
   → Quiere que aguantes.
4. ¡Ten!
   → Quiere que tengas.
5. ¡Escribelo!
   → Quiere que lo escribas.
6. ¡Ven!
   → Quiere que vengas.
7. ¡Sube al coche!
   → Quiere que subas al coche.
8. ¡Págale!
   → Quiere que le pagues.
9. ¡Cuéntemelo!
   → Quiere que se lo cuentes.
10. ¡Dámelo!
    → Quiere que se lo des.

11. ¡Llamale!

   → Quiere que le llamés.

12. ¡Hazlo!

   → Quiere que lo hagas.

13. ¡Corre!

   → Quiere que corras.

14. ¡Respondele!

   → Quiere que le respondás.

15. ¡Cóbralo!

   → Quiere que lo cobres.

16. ¡Camina mucho!

   → Quiere que camines mucho.

17. ¡Dime la verdad!

   → Quiere que le digas la verdad.

18. ¡Ve al campo!

   → Quiere que vayas al campo.

19. ¡Tómate tomate!

   → Quiere que te tomes tomate.

20. ¡Ten paciencia! → Quiere que tengas paciencia.

21. ¡Confórmate con esto!

   → Quiere que te conformes con esto.

69- Befehle in indirekter Rede, Vergangenheit

(etwa Kap. 55)

Setzen Sie jetzt die indirekte Rede aus der Übung 68 in die Vergangenheit:

Bsp.:

¡ponte!→Quería que te pusieras/ pusieses

1. ¡Dígamelo!
→ Quería que se lo dijera/dijese.
2. ¡Cómpreselo!
→ Quería que se lo comprara/comprase.
3. ¡Aguanta!
→ Quería que aguantes.
4. ¡Ten!
→ Quería que tuvieras/tuvieses.
5. ¡Escríbelo!
→ Quería que lo escribierais/escribieseis.
6. ¡Ven!
→ Quería que vinierais/vinieseis.
7. ¡Sube al coche!
→ Quería que subieras/subieses al coche.
8. ¡Págale!
→ Quería que le pagaras/pagases.
9. ¡Cuéntamelo!
→ Quería que se lo contara/contase.
10. ¡Dámelo!
→ Quería que se le dieras/dieses.

11. ¡Llámale!

→ Quería que le llamarais/llamaseis

12. ¡Hazlo!

→ Quería que lo hicieras/hicieses.

13. ¡Corre!

→ Quería que corrieras/corrieses.

14. ¡Respóndele!

→ Quería que le
respondierais/respondieseis.

15. ¡Cóbralo!

→ Quería que lo cobraras/cobrases.

16. ¡Camina mucho!

→ Quería que caminara/caminase mucho.

17. ¡Dime la verdad!

→Quería que le dijeras/dijeses la verdad.

18. ¡Ve al campo!

→ Quería que fueras/fueses al campo.

19. ¡Tómate tomate!

→ Quería que te tomaras/tomases tomate.

20. ¡Ten paciencia! →Quería que
tuvieras/tuvieses paciencia.

21. ¡Confórmate con esto! → Quería que
te conformaras/conformases con esto.

70- Gemischtes für Spezialisten:

Übersetzung

1. El sábado llamé a mi amiga para preguntarle cómo estaba.
2. Dijo que había tenido la gripe pero que entonces estaba recuperada.
3. Además afirmó que en septiembre quería venir a La Palma.
4. Si hubiera sabido que tenía la gripe le habría enviado una postal.
5. Pero como no sabía nada, no podía hacer nada.
6. Después de la llamada fui a comprar un vestido. Pero ninguno de los vestidos que probaba me gustó.
7. Así no compré nada.
8. Pronto será la bajada de la virgen de Las Nieves.
9. Pregunté dónde se podían comprar entradas para la danza de los enanos, pero no lo sabía nadie.
10. Si hubiera conseguido entradas habría invitado a mi amiga.

11. No es para tanto
12. Mi español es tan bueno como el tuyo.
13. (Yo) no sabía nada de este asunto.
14. Si no hubiera ido tan rápido no habría tenido ningún accidente.
15. Me llamó para decírmelo.
16. (Yo) diría que ha tenido suerte que no haya pasado (pasase) nada peor.
17. Me alegro de que tuviera/tuviese tanta suerte.
18. ..para que no olvidemos nada importante.

71- Grammatikübung

(etwa Kap. 54)

Bestimmen Sie die folgenden Verbformen wie im Beispiel beschrieben:

Bsp: tuvimos   →   tener; 1.Pers. Pl.; Indef.; Indicativo

1. se dirigieron   →dirigirse, 3. Pers. Pl., Indef., Indicativo

2. me he divertido→divertirse, 1. Pers. Sg, Pret. Perf., Indicativo

3. llegara→llegar, 1.+3. Pers Sg, Imperf. , Subj.

4. llegará→llegar,3. Pers. Sg, Fut., Indicativo

5. tomamos→tomar, 1. Pers. Pl.,Presente+Indef., Indicativo

6. hubiera estado→estar, 1.+3. Pers. Sg.,Pluscuamperf., Subjuntivo

7. fuisteis→ser, ir, 2. Pers. Pl.,
   Indef. ,Indicativo

8. éramos→ser, 1. Pers. Pl.
   Imperf. ,Indicativo

9. estabas→estar, 2. Pers.Sg., Imperf.,
   Indicativo

10. estuvieron→estar,3. Pers. Pl.
    Indef. ,Indicativo

11. iríamos→ir, 1. Pers. Pl., Cond. simple,
    Indicativo

12. siéntense→sentarse, 3. Pers. Pl.,
    Imperativo

13. me alegro→alegrarse, 1. Pers. Sg,
    Presente, Indicativo

14. pusimos→poner, 1. Pers. Pl., Indef. ,
    Indicativo

15. iban→ir, 3. Pers. Pl., Imperf. ,
    Indicativo

16. habría confirmado→confirmar, 1.+3.
    Pers. Sg., Condicional compuesto,
    Indicativo

17. había hecho→hacer, 1.+3. Pers. Sg.,
    Pluscuamperfecto, Indicativo

18. has explicado→ explicar, 2. Pers. Sg.,
    Pret. Perf., Indicativo

19. me dirijo→dirigirse, 1. Pers.Sg,
    Presente, Indicativo

20. seas→ser, 2. Pers. Sg., Presente, Subj.

21. estuvieras→estar, 2. Pers. Sg,Imperf.,
    Subj.

22. sé→ser, 2. Pers. Sg, Imperativo,
    saber,1. Pers.Sg., Presente, Indicativo

Tatort La Palma – die vergnügliche Krimiserie.

Lassen Sie sich an die schönsten und reizvollsten Plätze La Palmas entführen und geniessen Sie Spannung pur!

Internet:

http://tatort-la-palma.jimdo.com/video-trailer/

Bei Amazon und Ihrem Buchhandel erhältlich

Mami
Biermann
ermittelt

Zweisprachige Ausgabe – Edición bilingüe

Geschichten mit bilingualen (zweisprachigen) Übersetzungen bieten Lesern mit verschiedenen Fremdsprachenkenntnissen pures Vergnügen beim lernen.

Im Krimi „El Tesoro de la Virgen" sind die Texte zweisprachig, auf gegenüberliegenden Seiten, für ein mittleres Spanischniveau aufgeführt.

El Tesoro de la Virgen

ISBN: 9-783732-252725